フィンランド式「遊んで学ぶ」

これからの学力の育て方

平野宏司 著

セルバ出版

はじめに

世界幸福度No.1のフィンランド。その秘密は何でしょう。学力トップレベルをキープしている秘策はあるのでしょうか？　女性参政権を早くから認め、女性の大統領や首相がすでに何人も誕生している社会はどんなものなのでしょうか？　そして、かわいらしいデザインやオーロラなど、人の感性に語りかける魅力を発信し続けられるのはなぜでしょう？

森と湖の国の姿に学ぶ

本書では、「森と湖の国」と呼ばれるフィンランドについて、子育ての視点から紹介したものです。フィンランドの姿を描くため、日本でもたくさんのフィンランド関連の本が出版されていますが、本書の読者の皆さんには、次のような本書の特徴を踏まえ、フィンランド子育て事情を知っていただきたいと思います。

・フィンランド幼児教育・保育につき現地大学の課程を修了し、現在、日本で幼稚園・幼保園・保育園を運営している筆者が書きおろしました。
・出版に当たっては、フィンランド幼児教育・保育のエキスパートで、筆者の恩師であるハンネレ・カリコスキ博士からもたくさんのコメントをいただきました。

・フィンランドで子育て中のファミリーを中心に、多くの方々からコメントをいただき、構成しました。

フィンランドの子育てが日本のヒントに

読者の皆さんは、現在、子育て中の方をはじめ、何らかでフィンランドの子育てについて関心を持っている方々でしょう。それぞれの立場や思いで、子育てにかかわっておられることに敬意を表します。

学術書ではありませんので、学者さん、研究者さんのお役に立つ性格のものではありませんが、本書でフィンランドの子育てについて、楽しく見たり感じたりして、ご自身の子育てのヒントとしてくだされば幸いです。

平野　宏司

2021年5月

フィンランド式「遊んで学ぶ」――これからの学力の育て方　目次

第２章　フィンランドで見たユニークな子育て

第3章　フィンランドの家庭に聞く子育て事情

第4章　子どもを育てる理想の社会

序章　まずはちょこっとフィンランド

フィンランドは、日本に比べると国土がほぼ同じくらいですが、人口が550万人ととても少ない国です（図表1参照）。しかし、福祉が盛んな国として世界中に広く知られています。そして、この小さい国であることと福祉国家であることの2つの要素が、フィンランドの幼児教育に大きな影響を与えています。

一言で言えば、子どもがとても大事にされている国なのです。

平等に教育を受ける権利

安全で、優れた教育環境を子どもたちに与えることが、フィンランドではとても大切に考えられています。ロシアやスウェーデンといった影響力の大きい国に挟まれており、フィンランドの人々は皆、協力し合って国づくりをしていきました。そしてそのためには、誰もが皆、よい教育を受けることが必要であり、権利としても認めるべきことだと考えられてきたのです。

フィンランドでは、幼児期の保育・教育をECEC(Early Childhood Education and Care：幼児期教育・保育）と呼んでいます。ECECの施策のもと、フィンランドの子どもたちは、小学校からの義務教育の前に、デイケアセンターに通うのが一般的です。

デイケアセンターとは、幼稚園と保育園の機能を一体化した施設です。デイケアセンターへの通園もフィンランドのすべての子どもたちが持つ権利です。運営は、国の方針に従い、各地方自治体に委ねられ、各園や教員の裁量もあります。

序　章　まずはちょこっとフィンランド

【図表１　フィンランドはこんなところ】

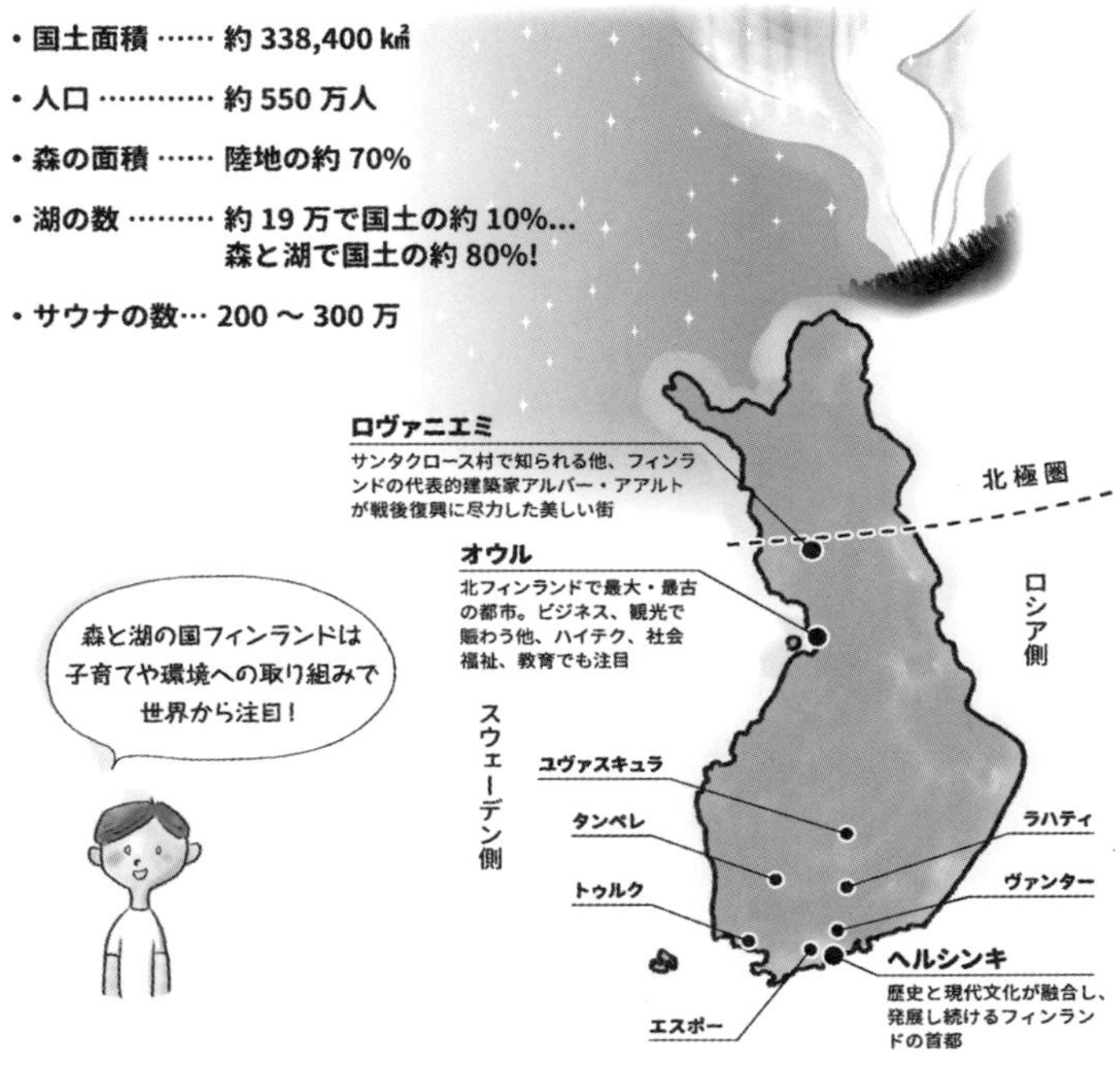

・国土面積 …… 約 338,400 ㎢
・人口 ………… 約 550 万人
・森の面積 …… 陸地の約 70%
・湖の数 ……… 約 19 万で国土の約 10%...
森と湖で国土の約 80%!
・サウナの数… 200 ～ 300 万
ロヴァニエミ
サンタクロース村で知られる他、フィンランドの代表的建築家アルバー・アアルトが戦後復興に尽力した美しい街
北極圏
オウル
北フィンランドで最大・最古の都市。ビジネス、観光で賑わう他、ハイテク、社会福祉、教育でも注目
ロシア側
森と湖の国フィンランドは子育てや環境への取り組みで世界から注目！
スウェーデン側
ユヴァスキュラ
タンペレ
ラハティ
トゥルク
ヴァンター
ヘルシンキ
歴史と現代文化が融合し、発展し続けるフィンランドの首都
エスポー

幼保を統合した子ども園という存在

日本語では、デイケアセンターというと、高齢者向け施設をイメージされる方も多いでしょう。したがって、本書では、「子ども園」という名称で進めます（厳密には日本の認定こども園とも異なりますが、最もイメージの近いものを選びました）。

自治体に希望すれば、すべての子どもが保育を受けられる体制が確立されています。また、妊娠から就学までワンストップでアドバイスする制度・施設「ネウボラ」の存在や、男性の育児休暇増大など、幼児教育保育に関わる様々なトピックが日本でも注目されています。

遊びながら学ぶプログラム

子ども園の教育は、子どもたちが遊びながら学ぶことをメインにしています。そして、遊びながら学ぶ活動を通じて生きる力、つまり人生を歩んでいく力を身につけていきます。また、フィンランドだけでなく、北欧の国々では、学ぶことと友だちと協力することは一体であるとの考え方が強くあり、子ども園の様々な活動もその考えを大事にしています。

子ども園のスタッフは、とても保育・教育に熱心で、研究もしています。そもそも教員になるためには、高い教育を受けることが必要です。

ECECでは、何よりも子どもが健やかに育つことが重要です。そのためには、個々の子どもたちが尊重されなければなりませんし、子どもたちはお互いに協力し合う大切さも学んでいきます。

第1章　遊んで伸ばす学びの力

いっぱいの遊び、いっぱいの学び

早朝、まっ白な雪の道。白布をかけられたような空と大地は、静かにどこまでも続きます。外気はマイナス20度。幸い風はありませんが、行き交うクルマもまばらな中、私たちを乗せたジャンボタクシーは、郊外へと向かっています。

どんよりした雲のもと、雪はしばらくやみそうにありません。訪問したのは、日本では間もなく桜が咲くかという3月下旬。南北に長いフィンランドの中核都市オウル市はその真ん中あたりですが、まだしばらく続きそうな冬景色です。

冬でも外遊びのフィンランドっ子

行き先は、Kiviniemen Koulu（キヴィニエメン・コウル）という、幼稚園と保育園、それに小学校が1つになっている施設。白樺並木をいくつも通り過ぎ、すでに1時間ほど進んだでしょうか。車内には、私の他、スタッフが数名と、今回のコーディネーターであり私の恩師であるハンネレ・カリコスキ博士。大学引退後に「まだやりたいことがあるから」と起業したキャリアウーマンです。一行の格好といえば、モコモコのスキーウェアに手袋、厚手の靴下にスノーブーツといったいでたちで、うっかり転びでもしたら、しばらく起きあがれないような重装備です。

日本から飛行機で約10時間のフィンランド。前日の飛行機での移動疲れもあり、車内でウトウトとし始めたとき、ハンネレ博士がいつものハリのある声をあげました。「さあ、もう到着するよ！見てごらん、子どもたちが元気いっぱい遊んでいる！」。

個性あるそれぞれの時間

ハンネレ博士が指さすほうをあわてて見てみると、一面雪景色の中で、小さくてかわいらしい子どもたちが、色とりどりのスキーウェアを着て、われわれの到着に気づかないくらい集中して遊びを楽しんでいます。

走り回る子、雪合戦をする子、そり遊びをする子、１人で小さな雪だるまをつくっている子（図表２）と、それぞれがそれぞれの時間を過ごしています。

車が近づくにつれてもっと見てみると、どの子の遊んでいる姿も、素朴な遊具やおもちゃを使っていることがわかります。決して高価な遊具を使っているわけではなく、自分たちで工夫して遊びをしているようです。

外では、雪の中でかけっこして基礎的な体力をつけ、中では、自分たちでルールを考え、遊び社会をつくっていく様子が見られます。

さて、本書で紹介するのは、そんな素朴なフィンランドの話。世界的にハイレベルな学力や幸福度で有名な国ですが、実は、その根っこにはこんな遊びのシーンがたっぷりあるのです。

【図表２　見て見て！　私より大きな雪だるまできたよ！】

仲間で遊んで育ち合う

別の園でのこと。教室の中にいた数人が、電車遊びをしたいようで、何やらガタガタと準備を始めました。先ほどと同じように、電車遊びといっても、高価な電車のおもちゃがあるわけではありません。いつの間にか子どもたちは、隣の部屋から子ども用椅子をえっちらおっちらと運び始めました。どうやら実物大の電車遊びをダイナミックに始めたいようです。子どもの想像力と創作力は、膨らみ出したら止まりません。

といっても、設計図があるわけでもない遊びの中の電車づくり。椅子を並べるのにも一苦労しています。

ある子は右向きに、またある子は左向きにといった具合で、電車はなかなか完成しません。子どもたちは、我を通し合い、話し合い、折れ合い、共通の目標である「電車遊び」に向けて、ガタガタと進めていきます。

そのうちに誰かが、お昼寝用のベッドのマットレスを隣の部屋から引っ張り出してきました。電車の壁にしたいようです。

大人たちは、誰もそれをとがめるでもなく、子どもたちの自主性を見守っています。

大人は過干渉しない

もし、ここで、「ほーら、最新の電車のおもちゃだよ！」と大人が与えてしまったら、どうなるでしょうか？　子どもたちは、色鮮やかで新しい電車のおもちゃに飛びつくでしょうが、さっきまで自分たちで協力して進めていた遊びという最良の学びのチャンスは、一気に消えてなくなります。

大人は、あえて高価な電車を与えないことで、子どもたちの工夫と協力を促すことができるのです。立派なおもちゃにも意味はあるでしょう。しかし、大人がつくり込み過ぎたおもちゃは、子どもの成長にいつもプラスになるわけではないというのが私の実感です。

国際会議のように流れる遊び

たくさんの遊びで、たくさんの人たちと関わり合い、自分が何をすべきかを考え、皆と共に成長していく。フィンランドの子どもたちの間では、そんなことが当たり前のようになされているようです。

それに、ここに書いたような遊びの仕方、何かに似ていませんか。例えば、ニュースや情報番組で紹介される国際会議等でよく見る風景です。

私が岐阜県で運営している幼稚園・幼保園・保育園統合施設「キートスガーデン」のスタッフは、様々な国際会議で発表や意見交換の機会をいただくことがありますが、そこでは、各国の代表者が、自分の国や地域の意見を述べ、相手の主張に耳を傾け、新しい取組みの是非を決めていきます。しかも、決められた時間内に、集中してです。

つまり、フィンランドが遊びを大切にし、子育てしているのは、結果的にこうした国際社会で活躍できる子を育てていることにもなるのです。このことについては、別の章でもお話しましょう。

学力も幸福度も世界トップクラス

２０００年ショック

フィンランドの教育が注目を集めたのは、国際的な学力テストでトップクラスにランクインしたことからでしょう。２０００年に、国際的な機関 OECD（経済協力開発機構）が、世界の国・地域に住む子どもたちを対象に行ったテスト PISA（国際的な学習到達度調査）で、フィンランドは、総合読解力、数学的リテラシー、科学的リテラシーでそれぞれ1位、4位、3位となりました。

なぜ、経済協力開発機構という経済関連の機関が、学力テストを行ったのでしょう。それは、学校の勉強が実際の社会に役立つものかどうか、そのマッチングを測り、より社会に役立つようにするためにはどうすればよいのかを考える基本データとするためです。別の見方をすると、この調査で高得点をとれていれば、これからの世の中に役立つ学びができていると言えます。受験対象は15歳で、日本では高校1年生が対象になり、当時５３００人が抽出され、受験しました。

自信を失っていた日本

このとき日本は、それぞれ8位、1位、2位でした。数学的リテラシーと科学的リテラシーではトップクラスですので、決してがっかりする結果ではありません（そもそもPISAは、他の国と学力の競争をするために行われているのではないので、その点も誤解なく、ですが…）。

「ジャパンアズナンバーワン」と海外から拍手喝采大絶賛を受けた成長期から、バブル期を過ぎ、失われた10年と呼ばれる時代を経て自信を失っていた日本は、この調査でさらに不安になりました。そして、トップクラスだった北欧の1小国フィンランドに高い関心を持ったのです。

3年に1度行われるPISAでは、その後参加する国や地域も変わり、また戦略的に準備するところも増えたようですし、日本も順位を上げました。フィンランドの順位は相対的に下がりましたが、それでもなおトップクラスにあることには変わりありません。

幸福度4年連続No. 1

さらに、学力だけでなく、幸福度でもフィンランドは高評価です。国連の機関や米調査会社等のデータによる世界幸福度ランキングで、フィンランドは２０２１年には4年連続で第1位に選ばれました。北欧諸国がトップを独占しており、このランキングでは残念ながら日本は第56位、主要先進国Ｇ７の中で最下位です。

このランキングは、キャントリルラダーCantril ladderと呼ばれる11件法を用いて主観的な幸福度を調査するとともに、①１人当たり国内総生産（GDP）、②社会保障制度などの社会的支援、③健康寿命、④人生の自由度、⑤他者への寛容さ、⑥国への信頼度 の6項目を加味して順位づけしたものです。国民総生産や健康寿命など、日本でも大いに誇るものがありますが、総合点ではフィンランドに水をあけられてしまいました。

未来を切り開く賢さだけでなく、幸せ感も高いなんて、とても魅力的な国ですね。注目されるのは当然。日本でも、参考にできるところはぜひそうしたいところ。特に子育てに関わることは、それぞれのおうちの方の関心もとても高く、子どもの幸せにつながり、社会の発展の元となります。順を追って、丁寧に現地の様子を見てみましょう。

「暗記が得意」なだけじゃもう古い

何年も続く「詰込み」

思えばいつからでしょう。勉強が「苦行」のようになってしまったのは。子ども園のときには、「早く学校に行きたい！」と言い、小学校の最初の１週間は「学校楽しい！」って言っていた子も、そのうち宿題に追われ、テストが始まり、学期末には成績表が手渡され、いつの間にか「何だか勉強しんどいな」に変わってしまいます。そのうち塾に行き、受験になり…、好きでもない勉強に人生の大切な若い時期を費やしてしまっています。

おまけに、その勉強の中身は、スピードを競うため、正解でも不正解でも「３回ずつ繰り返しなさい！」と言われる計算問題や、「太字は大事だから」と暗記する理科・社会。子どもたちは、大人になったらその勉強がどんなときに使えるか、どんな喜びに結びつくか知るチャンスも、考えるチャンスもないままに、ただ頭の中にいっぱい詰め込んでいく日々が何年も続く…、これがいまだによく見る日本での学校の様子ではないでしょうか。

知識の量でなく、使える力を

ところが今、世界では「頭がいい」の意味が変わってきています。簡単に言えば、知識の量でなく、知識を使える力への注目が高まっているのです。

難しい話をちょっとだけ。学びの力は大きく分けると、知識等の「認知的スキル」と、チャレンジする気持ち等の「非認知スキル」が関係しています。今までの認知的スキル重視に比べ、最近では情動的に知識を使える力、つまり非認知スキルへの注目が高くなりました。本書では、この非認知スキルを平たく「学びに向かい続ける力」と言い換え、フォーカスして進めていきます。

本当は、もっと幅広く、「人生を他の人々と共に力強く生き、社会をつくっていく力」とでも言ったほうがよりよい説明になるのですが、本書では幼児の教育をメインにしていますので、焦点を絞りつつ簡略化して、「学びに向かい続ける力」とします。

やはりここは難しいので、「学びに向かい続ける力」という言葉だけを頭に入れていただくとして、後は図表3を使って説明していくことにしましょう。ざっくりと、感覚を掴んでくだされば OKです。

【図表３　知識だけではない時代へ】

（ＯＥＣＤ資料を基に筆者作成）

知識＋「学びに向かい続ける力」

テストで測れない力

「学びに向かい続ける力」は、今までの知識のようにテストでは測れないものです。目に見えにくいものなので、今までなかなか文字通り「注目」されませんでしたが、時代は変わりました。

人が楽しく幸せに生きるために必要なのは何でしょうか。がんばってやり切ろうとする気持ち、友だちと協力して取り組む気持ち、こうした知識量ではない、人が人らしく生きるのに必要な力と、「学びに向かい続ける力」とは密接に関わり合っています。幼児期にこの「学びに向かい続ける力」を育てることで、学校の勉強も意味があることに気づき、前向きにかつ喜びを感じながら学ぶことができます。

しかも、「学びに向かい続ける力」は、遊びで身につけることができるのです。なぜなら、遊びの中には、工夫したり、協力したり、我慢したり、達成感を味わったりすることがたくさんあるからです。

遊びで高める学びの力

この力は、大人になってからでも伸ばせるものですが、子どもの間に遊びを通じて高めるのが、無理なく自然な流れでしょう。

かといって、知育玩具やパソコンに任せるわけでありません。昔ながらの鬼ごっこでも、ままごとでも、思いっきり遊び込むことで、人生ある限り続く素晴らしい学びの旅が始まるのです。ぜひ遊びの質を高めて、「学びに向かい続ける力」を育てていきましょう。

「答えがない問い」に向かうフィンランド

本当の学び、本当の教育

フィンランドは、最近、この「学びに向かい続ける力」が高い教育ということでも注目されています。ＡＩでロボットやコンピュータでできることが増えてきており、人間はより人間らしい姿や活動が求められていますが、そのためには例えば「目標に向かうやる気」「粘り強さ」「仲間との協力」等が必要です。人として生き、社会を動かしているのは、知識だけでなく、こうした人間の気持ちやエネルギーです。

日本では、大学や高校受験をはじめとして、今でも変わらず知識を問う問題が子どもたちの周りにたくさんあります。子どもたちは、それに頭を使うことに疲れてしまっています。皮肉な見方をすれば、子どもたちは、ある意味楽かもしれません。決められた教科書で、決められた内容を暗記し、問題の解き方をマスターして、試験に臨めば、いわゆる受験勉強になるのですから。しかし、子どもたちが必要なのは、答えのない問いに向かい、仲間と協力して粘り強く解決していく姿勢や力です。

日本ではもう少し時間がかかるかも…

残念ながら、一般的な学校や塾の授業だけでこうした力をつけていくのは、とても難しいでしょう。というのは、社会が大きく変わらないことには、今の入社試験も、大学受験も、変わらないからです。最近は、大手企業やスタートアップ企業に、学びに向かい続ける力や広い意味での非認知スキルを大切にした就職のためのマッチングをするところが日本でも徐々に出てきましたので、先は暗い話ばかりではありません。しかし、それでも日本社会全体が非認知スキルを今まで以上に重要視し、教育の現場での取組みに結びつけるのには、時間がかかりそうです。

そんな中、フィンランドが大切にしているのが、幼児教育での遊びです。遊び込む環境の中、子どもたちには「目標に向かう姿」「粘り強さ」「仲間との協力」等の非認知スキルである「学びに向かい続ける力」が培われます。遊びには、「学びに向かい続ける力」を伸ばす場面がたくさんあります。未来を逞しく切り開いていく子どもを育てるには、「お勉強」ではなく、遊びが大切です。

そして、遊びの本質に迫り、「答えのない問い」に向かう子を育てているのがフィンランドです。

フィンランドの教育、ここに注目!

それでは、フィンランドの教育は、どこがユニークなのでしょう。ここはまず、専門家の話を聞いてみたいと思います。ハンネレ・カリコスキ博士に再登場願いましょう。全部で11のポイントを挙げていただきました。

① 誰でも良質の教育を受けるのは当然の権利

すべての子どもがよい教育を受けることが保証されています。学費は無償、ノートや文房具など

【図表４　フィンランドの教育制度（概要）】

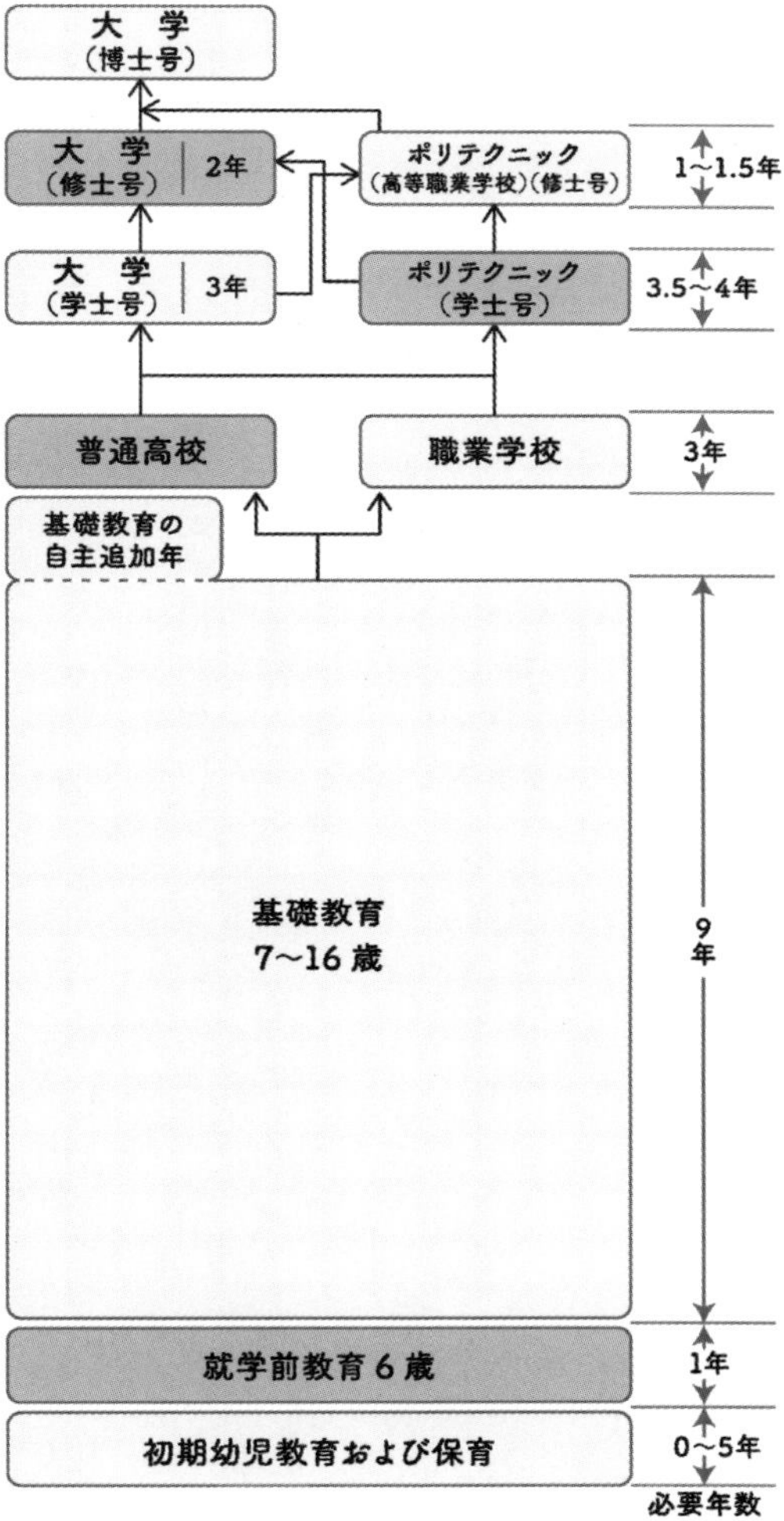

行政資料をもとに筆者作成（概要版）

学習に必要なものも無償、住んでいる家が学校から遠い子どもには、通学のためにタクシー代を出すこともあるというフィンランドでは、子どもたちが皆平等に教育を受けるのは当然と考えられています。

人こそ宝物

皆同じように勉強して、力を合わせて生活していく。この考え方は、フィンランドの歴史にも関係しています。

フィンランドのお隣の国と言えば、強大なロシアやスウェーデン。戦争や外交交渉を繰り返しながら、最後には独立を勝ち取ったフィンランドでは、人こそ大切な宝物という考え方がしっかり根づいています。だから、どの子も大切にするのは当たり前なのです。

小1前にプレスクール

小学校に行く前には、プレスクールがあります。そこでは、小学校準備として、基本的な読み書きをするのですが、丁寧に時間をかけてやりたい人には、1年多めに受けることができます。

「えーっ！　小学校入る前から落第?!」と思うかも知れませんが、ご心配なく。誰でも教育を平等に受けるということは、言い換えれば自分に合った教育を受けられるということ。

小学校に上がる前に基礎をしっかりとと思う子には、そのチャンスを。じっくりゆっくりと勉強を進める子もいれば、早く進む子もいる。いろんな学び方を認め合うというか、そもそも気にしないのがフィンランドなのかもしれません。

②　カスタムメードの学習プラン

各園での保育・教育内容の掲示

フィンランドの子ども園に入ると、子どもたちが地域で楽しく過ごしているイラストが描かれた新聞紙2つ折くらいの掲示物を見ることがあります。よく見ると、ところどころに付箋が貼られており、手書きで「目的」「活動」等が書いてあります。とってもかわいらしいイラストなのに、書いてあることはとってもまじめ。実はこれ、国や地域が示している子どもの保育・教育に基づいて、その園ではどんな活動をしているのかをおうちの人にわかりやすく示したポスターなのです（実物はインターネットなどで公開されており、見ることができます）。

国や地域のコアカリキュラム（どのような学びをしていくのか示した国の指針。教育要領）が、公立も私立も関係なく、すべての子ども園に行き届いていて、最終的には1人ひとりの子どもの学びのプランに結びついています。

個々の子どもの様子でプラン

そのプランは、おうちの方と一緒につくられ、学校で実践され、振り返られます。家庭では、自分の子どもがどんな性格で、どんなことが必要で、どんなふうに育っていくのかのイメージを持つことができます。国が定めた学びの内容が、最終的に1人ひとりにカスタマイズされていくと言ってもよいでしょう。

考えてみれば、自分の子の成長というのは、他の子と比べてどう？　ということよりも、その子がスクスクと育っているかどうかのほうが何倍も大切なはず。皆で学んでいるとはいえ、最終的には1人ひとりがいかに育つかに重点が置かれているフィンランドでは、国全体でどう教育を進めるかという大きな流れが、個々の子どもにとってどういう意味があるのか、ちゃんとわかるようになっているのです。

③　すべての子どもがアクティブラーナー

やらされている感があってはやる気は出ない

勉強は、教えてもらうものではなく、自分で進んで学んでいくもの。フィンランドでは、子ども1人ひとりが、アクティブラーナー（自ら進んで学び続ける子）であると考えられています。

何事も、やらされている感があっては、やる気が出てきません。自分で興味を持って、やってみたら楽しくて、できるようになってもっと楽しくて、できなくてももう1回トライしたくなって…と、そんなにうまくいくことばかりではないですが、どんなときも、「しょうがないからやっている」感はなしにしたいものです。

【図表５　「やったあ！」工夫、集中の結果の喜び。この後、自然と人との営みを食卓でも学びます】

学びとは、決して受け身のものではなく、自発的なもの。しかも、そのほうが身につき、続けることができます。

フィンランドでは、子どもがアクティブラーナーであることを、先生方やおうちの人、社会が共通理解していますし、子どもをサポートする体制ができています。

遊びは自発的な学びの芽生え

では、自発的に学ぶとは、どういうことでしょう。子どもにとって、それは机に向かうことばかりではありません。大好きな遊びに夢中になることは、まさに自発的な学びの芽生えでしょう。遊びと言っても、できればテレビやビデオゲームなどの受け身の遊びよりは、外でも家の中でも元気に遊んでほしいものです。

子どもには、そのときの気持ち、コントロールや工夫で展開が変わるような、積極的に関われる遊びに馴染んで欲しいところ。フィンランドの家庭でも、実は同様の悩みがあるようですが、やはり自然や家族との時間がふんだんにあるようです。ぜひ自然や家族と関わり遊びたいですね。

④　学びは皆で高める

先生は教えるのが仕事ではない？

「授業はここで行います」。とあるフィンランドの公立小学校には、机がありませんでした。「ここ」と言われた場所は、日本の小学校1クラス分くらいの広間。そこには、机のかわりに濃い赤色の円形ソファが備え付けてあり、20名ほどの子どもたちは、まるでスポーツを観戦するときのように、ソファにぐるりと腰掛けます。そして先生は、そのアリーナにポジションを置きながら、子どもたちを見回し、プロジェクタを活用して授業を進めていきます。

ここでは先生は、教えるのが仕事ではありません。生徒が共に学んでいく中で、コーディネートやファシリテート（話合いを進め深める）役となり、時にはコーチやメンター（心から頼れる助言者）として、生徒に寄り添うことが求められているのです。

時や場所を選ばない学びの時代

学びを深めるには、1人では限界があります。よい環境で、仲間と刺激し合ったり励まし合ったりしながら、自分1人ではできないことに挑戦をしていきます。

また、「皆で学ぶ」と言っても、机を並べて同じ問題を解いて、ということに限りません。例えば、家で1人で勉強する子どもに、おうちの方が、どんな部屋で、どんな机と椅子でといったことを一緒に考えてあげることも、共に学ぶことに繋がります。

学びに必要なのは先生、環境、友だち

学びは、協働活動といいます。「学びには、教員、環境、そして共に学ぶ友だちが必要」と、見

学先の子ども園の園長先生。「1人じゃない」場面をたくさんつくってあげることで、安心して学ぶ姿勢がつくられ、将来ひとりで難問に取り組むときも、本来のパワーが発揮できるでしょう。

もちろん、教室で、先生が前に立ち、大勢の生徒が先生のほうを向いて学習するスタイルもあります。しかし、小さい時期に共に学ぶメリットを知っておけば、1人のときと、友だちと共に取り組むときと、バランスをとることができるでしょう。1人で集中すべきときと、友だちの意見を聞いて新しい着想を得るときと、どちらも大切です。

⑤　遊びこそ学びの中心
学びのヒントは遊びの中に

繰り返しますが、遊びこそ学びの芽生えであり中心的存在。幼児期の学びは、遊びの中にはいろんなヒントが詰まっています。「人生に必要な知恵はすべて幼稚園の砂場で学んだ」とは、米国の作家ロバート・フルガムの作品名ですが、幼児期は机に向かって学ぶのではなく、遊びのなかにそのエッセンスがあるからこそ、思いっきり遊ぶことをおススメしています。

もちろんこれは、遊びの中に国数英理社が入っているという意味ではありません。むしろその原動力となるもので、本書のテーマでもある「学びに向かい続ける力」がいっぱい詰まっています。いつでもベストパフォーマンスの学びができるようにする力、目標をもって粘り強く取り組んだり、仲間と助け合ったり、ダメだった時も再チャレンジする力です。むしろ、机に向かっているだけでは、絶対に高めることができない力であることはおわかりいただけるでしょう。

学ばせたいなら、遊ばせる

また、国数英理社が入っているわけではない、と言いましたが、考えてみれば砂場で友だちと遊ぶときでも、語りかけ、交渉し、どれくらいの場所で、砂をどうすればどう流れていってしまうか、またこの砂自体どこからくるのか、石とはどう違うのか、といったことを思い、知ろうとし、考えていくことは、学習の糸口になると言えます（学びに近い遊びについては後述します）。

このように、子どもの遊びの中に、すべての学びの要素が詰まっています。そしてそれを広げ、深めるのが、大人の役割です。学ばせたいなら、遊ばせる。これにつきます。

●コラム【遊びで育つ子どもたち―ハンネレ博士より】

このことについて、アカデミックな立場から改めて記しておきましょう。ハンネレ博士に答えてもらいます。

【楽しみながら学ぶには遊びが一番】

フィンランド語で遊びのことをleikki（レイッキ）と言います。遊びを通じて学ぶことで、子どもたちが成長していくことは自然であり重要なことです。レイッキ＝遊びと聞くと、楽しいイメージだけが先行してしまうかも知れません。でも、私たちは、レイッキという言葉の中に、楽しみだけでなく、学びの手法としての意味合いを含めています。また、遊びには、集中力を養う効果もあります。

学ぶ環境は、実際、そこで体験するための物理的な意味合いだけでなく、精神面、社会面でも重要なものです。さらに、子どもの遊びの中での大人の関わりようも大切です。大人たちは子どもたちがどんな遊びをどのように行っているのかを観察し、かといって関わり過ぎることなく、困っていそうなときに、適切なアドバイスをし、うまくいったらその努力、工夫、集中等をほめてあげることが大切です。

【大人はチームワークを】

ここでいう大人とは、子どもに関わるすべての大人たちですので、先生と保護者とのパートナーシップも大切ですし、コミュニティーとの関わりも必要でしょう。

保護者は、家庭で子どもがどんな遊びをしているのかを観察する一方で、おうちの方や先生は、家庭や教育・保育の現場で子どもたちがどんな遊びをしているのかをお互いに伝え、意見交換をしていきます。

子どもたちが遊ぶ姿を見ていると、様々なことがわかります。子どもたちは、何を考えているのだろうか、どんな言葉を使っているのだろうかなど、観察することはたくさんあります。心配なことがあったら、おうちの方が子どもたちの遊んでいる姿をメモにとり、時にはスマートフォンで動画を撮り、先生と相談するのもよいでしょう。

【フィンランド幼児教育法でも遊びを重視】

国連では、子どもの遊ぶ権利が認められています。
フィンランドの幼児教育法（２０１８年）では、遊びを子どもの成長、学び、よりよい生き方の源《みなもと》であることを強調しています。遊びこそ、子どもの育ちのカギとなる実践的な方法なのです。それを受けて、フィンランドが国レベルで制定しているカリキュラムにも遊びが重要視されており、現場では、それを具体的にどのような遊びの環境づくりをするかに取り組みます。
「遊びは、子どもの人生そのもの」。教育学者ヴィゴツキーは、こう語ります。遊びは小さいときには何にも増して大事な活動なのです。

【遊んでいる間、頭はフル回転！】

遊びは、学びのいろいろ大切な要素と関わり合っています。熱中して行うこと、人と共に取り組むこと、そして自分の可能性に挑戦すること等です。また、遊びは、認知能力を伸ばすこともできます。考えて、脳を発達させていくのです。子どもが遊びの中で考え、発展させていくことは、概

【図表６　フィンランドの教育】

念を扱う能力が育つ中で、とても大切であり、他の人と適切な距離感でやっていくための社会的スキル、感情的スキルの向上にもとても大切。遊んでいる間、子どもたちは新しいことを考え、問題を解決し、発明し、創造し、アイデアを試し、探求していくものなのです。

では、そんな子どもの遊ぶ姿に、私たち大人はどんなふうに関わっていけばよいでしょうか。おうちの方でも先生でも、大人のやることは、子どもの遊びにまず興味を持つことです。大人が一緒に遊ぶことで、子どもの遊びはより高まるからです。

先に言いましたように、あまり関わり過ぎるのも子どもの遊びを邪魔してしまうので、難しいところです。私の経験では、目の届くところ、つまり子どもが関わりたいときに、すぐに一緒になれるところにいることが大切でしょう。

以上、そして図表６に示したように、遊びは、子どもをあらゆる面で大人と言える人に育てる上で、とても大切なことなのです。

⑥　先生も勉強しています！

先生は人気の高い職業

フィンランドでは、先生たちもたくさん勉強しています。大学の教員養成課程は人気が高く、また大学在学中も研修等を含み、よりよい先生になるよう努力をしていきます。職場では、プロとして穏やかに、毅然として、１人ひとりの学びを集団の中でサポートする姿を何度も視察させてもらいました。もちろん、息の詰まるようなことばかりでなく、職員室や休憩室ではコーヒー片手に談笑する姿もよく見られます。

教員を目指す学生の意識も力も相当なものです。エピソードを1つ。現地の幼稚園を見学させてもらったとき、ちょっとした質問をしたかったので近くの先生に聞いてみると、とても詳しく教えてもらいました。

後でその園の園長先生に、「素晴らしい先生ですね。質問に詳しく的確に答えてくださいました」と言ったら、「いえ、あの子はまだ学生ですよ」と返され、びっくりしました。学生のうちから、ものすごく勉強し、信頼のおける立場になっているのが、フィンランドの教員養成の現場のようです。

世界から学びにくるフィンランド教育

私の留学していたオウル大学幼児教育保育学科では、当時、短期の特別プログラムがあり、ヨーロッパを中心に様々な国から学びに来ていました。それぞれ多様なバックグラウンドを持った若者が、フィンランドの教員養成授業も受けてみたいと集まるほどに、同国の教員養成プログラムは信頼度が高く、充実しています。

さて、たくさん勉強している先生たちですが、幼児教育保育で一番力を入れているのが、本書のテーマである「遊び」であること、もう1度ここで念を押しておきましょう。子どもたちの遊びの先の、手を伸ばせば届くところにある学びを知っている人（＝先生）たちが、園の中でいつもそばにいるからこそ、遊びがより充実したものになるのです。

⑦　無償でハイクオリティー。「もっと！」の人にはオプションあり

無償化はすべての子どもを大切にするため

日本でも幼児教育保育の無償化が２０１９年から始まりましたが、フィンランドでは、すべての子どもたちに可能性をとの考え方から、以前より無償です。

１９６８年、フィンランドでは大胆な教育改革が行われました。小国フィンランドにとって、人材こそ最大の財産であるとし、平等に教育を受けられるよう図られたのです。それ以前から、ヨーロッパ諸国でも、あるいは北欧諸国の中でも、独自性を出して人材を育成し、国づくりを進めていたフィンランドですが、教育制度に踏み込んだのは大切な政治判断だったでしょう。

ユニークな教育も可能

今ではすべての子どもたちが同じように教育保育が受けることができており、皆がその恩恵を得ているので、高い税金にも納得感があるのでしょう。

また、費用をかければさらに独自性のある教育を受けることもできます。フィンランドでは、公立の幼稚園がほとんどで、それぞれが国の方針を守りながら柔軟に活動を行なっていますが、数少

ない私立の中には、例えばアートに特化した教育カリキュラムを導入するなど、注目したい動きもあります。また、園に通わず、家庭で何人かを育てるホームナーサリーも展開されています。

⑧ プロジェクトでやる気アップ！

教科教育の枠を超える

幼児教育保育では、教科教育でなく、テーマ学習やプロジェクトが進められます。

小学校低学年の例ですが、こんな姿を見ました。ある日、日も傾きかけてきた教室で、先生と数人の子どもたちが何やら楽しそうに活動をしています。近づいて見てみると、紙コップを逆さ向けにし、底の部分に小型の電気モーターと電池、スイッチを取り付けたもので遊んでいるのです。スイッチを入れると、ブルブルとモーターが動き出し、紙コップはそれにつれてこれもまたブルブルふるえながらテーブルの上を動き回ります。

紙コップには、顔を描いてある子、自動車のような乗り物を描いてある子と様々です。さらに、よく見ると、紙コップには、机に接するところにペンが取り付けてあり、紙コップが動くたびにペンが線を描いていきます。

懐の深さを感じるゆったり感

「きょうは午前中からこれをつくっていたんですよ」と先生。「理科とアートと数学の授業を合わせたものですね」と説明してくれました。

まず興味を持つ、やってみる、おもしろくなる、理科やアートや数学に興味を持ち、工夫や努力を続けるといったサイクルが遊びの中で始まっています。

しかも、朝から夕方近くまで、１つのプロジェクトを延々と続けていたとのこと。フィンランドの教育の懐の深さと先進性を大いに感じました。

体系的に教科目で分けられた学習も大切ですが、それだけではなく、学際的（様々な教科を橋渡しした）な学びのできる方法で、子どもたちは「もっと学びたい」と向学心を高めるのです。

遊びから生まれる疑問が探求心に

積木遊びでも、お手伝いのクッキングでも、遊びやお手伝いから学びにつながるものはたくさんあります。

「この積木、なかなかくずれないね。何でかな？」「パンケーキ、よくかき混ぜると膨らみやすいの、何でだろうね？」と、ちょっとした質問で学びのきっかけをつくることは、私たちにもできそうです。

ただし、あくまでもくどくなく、バランスよく。学びは、小出しにしないと、遊びの楽しみを減らしてしまい、遊び自体がイヤになってしまいますから。

さて、ここに書いた科目間横断学習の発展した姿が、次のフェノメノン・ベースです。

注目の教育法フェノメノン・ベースで他国をリード

時代が変わり、身に着けるべき力が変わっていく中、教育も変わって当たり前だと考えているのがフィンランド。世の中の動きをよく観察し、必要な教育法に変えていくスピード感と柔軟性には、目を見張ります。

自然の中で大いに生活を楽しむフィンランドですが、社会の状況の変化を見極め、しなやかにシフトしていく様は、自然で鍛えられた本能によるものというのは、あまりに空想的でしょうか？

いずれにせよ、中でも最近注目なのが、フェノメノン・ベースという教育法です。

フェノメノンは、日本語で現象、事象の意味。ざっくりと、世の中の出来事という捉え方でよいでしょう。そして、フェノメノン・ベースとは、世の中の様々な出来事を出発点とすると同時に、解決を目的とする教育法です。

世の中の出来事から学ぶ

そもそも、人は、何のために学ぶのでしょうか？　一般的には、世の中に解決すべき問題がたくさんあって、それを解くために学問はあります。

古代から、人はより安心して暮らせるように、潮の満ち引きを調べたり、太陽や月、星の動きを見たりしながら、作物のできや野生動物の動きを知り、糧を得てきました。それが、天文学、数学等の始まりであり、安心して暮らすための社会づくりのために、社会学や政治学、法学が発達し、精神的に豊かな生活のために文学等ができました。

ついには、人生とは何かを問う哲学という分野も生まれました。そして、その成果を時空を超えて伝える度に、学問は広がりと深みを増していったのです。

このように、学びはもともと世の中の出来事から始まっており、それを解決するのが目的であるならば、科目別の学問よりも現実的ではないかというのが、フェノメノン・ベースという考え方です。

フェノメノン・ベースは、そのようにとても楽しそうな学びのアプローチですが、反面、一筋縄ではいかないとも言えます。いろんなことをいろいろ調べたり、意見交換していかないと、解決に結びつかないからです（それもまた楽しいのですが）。

なかなか答えが見つからない問題

フェノメノン・ベース教育法の第一人者のキルスティ・ロンカ＝ヘルシンキ大学教授は、その著書で、次のように語っています。「世の中がものすごいスピードで変化している中、創造性、思考力、さらに広範囲なノウハウが必要になってきます。統合的で教科の垣根を超えた考え方こそ、現代の不具合な社会問題を解決する時に必要なのです」。

むしろ、答えが見つからないからこそ、解決していく必要があるのでしょう。また、長い期間、広い範囲に渡って、他者との協力を得ながら解決していかなければならないのですから、ここでも「学びに向かい続ける力」の必要性がおわかりいただけるかと思います。

横串《よこぐし》を入れる力

さて、前述の「統合的で教科の垣根を超えた考え方」をするということは、特定の科目だけでなく、それぞれの教科の力を総動員して取り組まなければならないということです。

いろいろな教科をまたがって活用する力を「transversal competences(横断的能力)」と言い、私はこれを「横串を入れる力」と呼んでいます(図表7)。お団子を各教科とすると、横串を入れてまとめて1つにするイメージで、それぞれの強みが関わり合い、活用できるようになります。

日本では、総合的探求の時間という科目がありますが、正直、学校現場ではこの科目をどうしてよいものか戸惑っているように聞きます。

横串を入れる力の必要性を、フィンランドは次のような場面で想定しています。

・考える力、学びに向かう力
・文化的資産、文化交流、自己表現をする力
・自分自身をケアし、日々をマネージングする力
・様々な方法を用いてコミュニケーションを取る力
・ICT(情報通信技術)を使いこなす力
・仕事に向かう力と起業家精神
・市民活動への参加、将来の社会構築

確かに、これらは、今までの国数英理社とは違う切り口ですが、どれもとても大切そうですし、

【図表７　横串を入れる力】

やはりおうちの方としては、自分の子どもも、こんな力をつけて欲しいなと思えてきませんか？

フィンランドは、いち早くそのことに目をつけ、大胆に教育を始めています。

教科ごとの点取りでは不十分

教科ごとの点数が取れても、それを横断する学びができていなければ、使い物になりません。フィンランド（に限りませんが、多くの教育先進国）では、すでにこのことに気づき、総合的な学びをする方法としてフェノメノン・ベースの導入をしています。

教科ごとの重要度は変わりません。どの科目も同じように大切であることを子どもたちも理解しているからこそ、フェノメノン・ベースの教育も成り立つと言えるでしょう。

また、こうした教育法では、先生は単に情報を子どもたちに伝えるような役目でないですし、子どもたちもただ受け身的に話を聞いて授業が終わるわけではありません。学んでいる事柄が、自分とどのように関わり合うのかを感じられるのも、フェノメノン・ベースの特徴と言えます。

⑨　テストなし。1人ひとりが違って当たり前

定期テストの罪

「えーっ！　テスト、フィンランドにはホントにないんですか?!」と、何度も聞き返した私。誤解があるといけませんが、まず、テストはあります。でも、日本みたいなテストのやり方ではあり

ません。

ちょっと整理しましょう。日本では、幼稚園はともかく、小学校にあがると、通常期末ごとにテストがあります。全員が同じ問題を受けるのは当たり前。何点取ったら合格だとか、クラスで何位だったとか、偏差値はどうだとか、とかくテストは生徒が最も関心を持ち、時には「だから勉強なんて大嫌い」となってしまうこともあるものです。

小学校も高学年になると、朝から漢字テストがあって、中学受験する子はさらに塾に行って勉強して、高校になると毎週何かしらテストがあって…と、こう書いているだけでも気分が滅入りそうです。

一発勝負のテストって必要？

もちろん、いいこともあります。テストに向かってしっかりと復習したり、勉強する姿勢が身に着いたり。

でも、テストは、それぞれの子どもが学んだことがちゃんと理解できて、頭の中に残っていて、使える状態であるかどうかを確認するためのものですので、フィンランドはこう考えました。

皆同じ問題じゃなくていいんじゃないか？　一発勝負じゃなくて、何回も受験できるようにした方がいいんじゃないか？　勉強する姿勢は、別にモチベーションがあればいいんじゃないか？　と。

現在、フィンランドでは、成績は、継続的な小テストやプロジェクトの発表、普段の授業への参加具合などに重きが置かれ、仮に試験があるとしても、一発勝負ではありません。

子どもは皆違っていい

「子どもの学びの達成率に標準という考え方はなく、子どもたちは皆違っていていい」。この考え方がしっかりと根づいているからこそ、それぞれに合った学習を進め、成果を上げることができるのです。そもそも、PISAで高得点をマークしたフィンランドですが、教育現場ではそのこと自体にびっくりしているというのが当時の報道でした。

実際、フィンランドは、そうした世界的な学力テストに対しても、その対策を徹底的にとっていたわけではなく、子どもに基本的な生きる力を学びの観点から誠実に育ててきただけであったといっても間違いではありません。

PISAの例題は、インターネット等で公開されているので、高得点を取れるように特別なプログラムを組んで特訓することも可能ですが、これは本末転倒でしょう。テストでよい点を取ることよりも大切なのは、現実の社会でたくましく生きていくことであって、テストはその結果でしかないのですから。

PISAのランクより…

教育がフェノメノン・ベースになることで、PISAのランクが落ちる可能性もあるとも言われて

【図表８　同じ景色を見ても、思い考えることは様々…】

います。

しかし、フィンランド人にとっては、「で、何なの？」くらいの感覚と、私の知合いのフィンランド人たちは語っています。PISAに合わせるのではなく、自分たちの子ども視点での学びを追及している国らしい構えです。

テストに一喜一憂するのではなく、大きな視野、高い視座で学びに向かい続けるフィンランド。ひょっとしたら日本の私たちがまず必要なのは、こうした姿勢なのではないでしょうか。

【ちょっとアドバイス】

日本の教育界で、すぐにテストをなくすことは現実的ではありません。ではどうするか？　おうちの人の一言が、テストに対する子どもの姿勢を変えますから、どうコメントするとよいのか考えてみましょう。

大切なのは、子どもをテストだけで評価しないこと。テストの点数がそれほどよくなかったら、「もう1回解いてみてできればいいんじゃない？」とあまり深刻にならないように。すごく点数がよかったときも、「よかったね。授業をしっかり聞いてたからかな。家でも復習したからかな？」と、結果以上にプロセスに重きを置いてコメントを。

学びを本物にするのは、結果ではなく、いつでも、いつまでも、学びに取り組む姿勢をつくれるかどうかだからです。

⑩　大切なのは「学ぶ楽しみ」

そもそも学びは何のため？

学ぶ楽しみとは何でしょうか？　解けない問題が解けた、友だちと一緒に調べ学習をして楽しい経験ができた、高校や大学に合格した、海外留学して視野を広めた…と、いろいろあるでしょう。

さらには、挑戦すること、諦めないことを知った等、学びそのものでなく、学びを通じて得る喜びもあります。

もう一歩進めて、何のために学ぶかを考えると、さらに深みが増します。すなわち、学ぶことで、豊かな人生を送ることができる楽しみです。

学ぶとは、学校で教科書を使って学ぶことばかりでなく、社会経験もあるでしょう。また豊かな人生も、人によりますが、決してよい大学、会社に入ることだけでなく、よい家族づくりができた、苦境から抜け出せた、心が救われた…等が挙げられます。

学ぶ楽しみから、「学びに向かい続ける力」へ

少し話が大きくなってきましたが、では、あらためて、「学ぶ楽しみ」を得るにはどうすればよいでしょう。それは、好奇心、集中力、忍耐力、協力する姿勢等を高めること、そう、「学びに向かい続ける力」をつけることです。

遊びから学ぶ楽しみへのステップアップの中で、「学びに向かい続ける力」は必要不可欠なものです。そして、それは、最終的に、豊かな人生を送ることにつながるのです。

⑪ すべては子どもの幸せのために

子どもの幸せのためならば大胆に

フィンランドでは、幼児教育保育の目標を、「子どもの幸せのため」としています。学力をアップすることが主目的ではありません。実は、他の国でも幼児教育保育の目標をこのように高く設定して記してあるところがあります。

しかし、フィンランドでは、その実現のために、前述のような無償で平等な教育やフェノメノン・ベースの教育法等、大胆な手法を取り入れ、実践しているところに特徴があります。

視点を常に子どもたちに置いてきたフィンランド。だからこそ、子どもらしさを追求する中で、子どもらしい活動の代表格である遊びを主軸にもってくることに合点がいくわけです。

さてここまで、ハンネレ博士の選定したポイントに、私が取材先で見聞きした事柄やコメントを交えながら、フィンランドの幼児教育の特徴を紹介してきました。

中でも、本書の読者の方々の関心事は、自分の子育てに役立つヒントや考え方でしょう。次の項から、さらに具体的なトピックを紹介していきます。

第2章

フィンランドで見た
ユニークな子育て

自然と親しみ、豊かに遊ぶ

オーロラ、白夜、森と湖…

フィンランドと聞いて、オーロラを思い浮かべる人も多いでしょう。冬の夜空を彩る光のカーテンは、1度見たら決して忘れることのない感動的なものです。

私も、北極圏のロヴァニエミで1度、森の奥深くのコテージに宿泊したときに巡り合いました。辺りは真っ暗な中、厚く凍てついた湖の氷の上に寝転がり、まさに顔の真ん前でカーテンのようにふわりふわりと揺らめきながら、緑や黄、オレンジの色を放っていくオーロラを見たことは、生涯忘れ得ない体験となりました。

しかし、フィンランドの自然は、そんな特別な体験以外にも、身近にあります。ちょうど私たちが、河原や山奥にキャンプに行かなくても、路傍に咲く野花に心休めることがあるように、フィンランドにも様々なところに自然があるのです。

四季それぞれの自然との関わり

国土のほとんどが森林であるフィンランドと、同じく国土のほとんどが山岳地帯である日本とは、相通じるものがありそうです。

しかし、フィンランドには、夏は野でベリー摘みをし、夏はサマーコテージで水遊びをし、秋はキノコ狩りをし、冬はヘラジカ狩りや釣りで食卓をにぎわせるといったような特別なシーンもあります。まさに自然との関わりの宝庫と言えるでしょう

フィンランドでは、１年のうち学校があるのは１９０日。日本とほぼ同じ日数です。現地では、8月中旬から学校が始まり5月の終りまで続きますが、その間に秋休み、クリスマス休み、２月の冬休み等があります。

特に夏休みは10週間あり、おうちの方もお休みを取るケースがあるので、サマーコテージでゆっくり過ごす人も多いです。

自然は遊びの教室

６月には夏至があり、１年の中で最も日が長い季節です。人々は開放的になり、子どもたちも外で元気よく遊びます。夜の10時くらいでも十分明るいので、外遊びを楽しんでいる子がいるくらいです。

夕ご飯を食べて、サウナに入り、夕涼みをしてもまだ明るいフィンランドの夏。子どもたちもゆったりとした幸福感を感じるときでしょう。

自然は遊びの教室。自然がたくさんあるということは、遊びの場がふんだんにあり、ひいては学びへのきっかけもそれだけ多いということです。

居心地のいい場所を見つける

「昼間の家」で過ごす子どもたち

フィンランドの子ども園は、たいていが保育園と幼稚園両方の役割をしています。公立の園がほとんどですが、中にはシュタイナー教育を推進するためや、アート教育に重点を置くため等、独自の教育をするための私立もあります。

私が日本で運営するキートスガーデンでも、フィンランドの公立園に合わせ、私立園とも提携することで、多様なフィンランドの園の様子を学ばせてもらっています。

子ども園には、パイバーコティ(paivakoti)という呼び方があります。パイバーは昼、日の意味で、英語ではday。コティは家です。つまり、子どもたちにとって、昼間の家のような役割で、ケアし、育てられる場所です。

朝の会(モーニングサークル)で穏やかにスタート

子ども園の1日を見てみましょう(図表9)。園や年齢により、いくらか違いはありますが、大体次のとおりです。

朝、早い園では、6時30分から開園。朝食を出すところも珍しくはありません。しばらく個人遊

【図表９　ある園の時間割。ゆったりさを感じます】

時間割	
7:00	保育園が始まる
8:00 - 8:30	朝食
9:00	朝の会
10:00	外遊び
11:15	中に入ってランチ
12:00 - 13:00	お昼寝休憩
14:00	おやつ
15:30	外遊び
17:00	保育園が終わる

びや集団遊びなど、自由な時間があり、続いて朝の会（モーニングサークル）になります。モーニングサークルは、クラスごと。1クラスは10人前後のところが多いようです。椅子や床に座り、園児たちは車座になります。人数が少ないこともありますが、基本的にとても穏やかな雰囲気で進みます。

先生は、まず、1人ひとりに、前日に帰宅してから今朝までの様子を順に聞いていきます。それぞれと目を合わせながら、じっくりと聞きますが、他の子どもたちもそれにならって、落ち着いて他の子の話を聞きます。

どんな遊びをするのかミーティング

続いて、歌や絵本の読み聞かせ、あるいは遊びの時間になります。このときも、子ども1人ひとりの考えが大事にされる場面を見ることがあります。

例えば、何の遊びをするのか、どこで遊ぶかを、皆で話し合って決めたりします。それがまだ小さな園児であっても、です。

さすがに、1～2歳の子に話合いは難しいですが、意見を聞こうという環境があることは、子どもたちにとってとても安心感が高いものでしょう（この話は、「自分で決められる子を育てる」の項でもう少し詳しく触れています）。

昼ごはんは、園によりますが、たいてい給食が出ます。その後、年次によってお昼寝があったり、遊びがあったりして、１日が終わっていきます。お迎えは、夕方までには完了しているでしょうか。

【ちょっとアドバイス】

おうちでもモーニングサークルをやってみましょう。かしこまったものでなくても、普段と同様「きょうは何しよっか？」というやりとりを、紙に書いて行うのです。おうちの方が、子どもの話を聞いてくれる。その一方で、ここは大人の話を聞かないといけないというメリハリある時間をつくっておくと、あらたまって子どもに注意したいときなどに有効です。

いたるところにソファとラグ

少人数を小分けの部屋で

フィンランドの子ども園の園舎内は、日本の園とはかなり違います。まず、大きなお遊戯室のような場所はたいていありません。かわりに小さな部屋がいくつか並んでいます。

通路には、教材やおもちゃが並んでいますし、子どもたちもいろんなところで遊んでいますので、幼稚園というよりは、子どものたくさんいる家といったほうがイメージが近いでしょうか。

そんな広くはない室内ですが、よく見かけるのはソファとラグです。ソファは、２〜３人掛けの立派な革張りのものであったり、普通の布張りであったり、机の椅子に少しふかふかしたクッションがついていたりです。ソファでは、先生が子どもと座って読み聞かせをしたり、子どもたちが自由に座って遊んだりしています。ちょうど家でくつろぐときのような雰囲気です。家庭らしく安心感があるとも言えます。

優しく包まれる場所

もちろん、子どもたち向けのきっちり腰掛けるための椅子もあり、絵を描いたり字を書いたりするにはこちらのほうが便利で姿勢もよく取り組めます。その一方で、お遊びのときは、床に敷くラグが大活躍。自分で遊ぶ場所を決めると、そこにラグを引き寄せ、しっかりおもちゃを広げて楽しんでいます。

ハードな学習用机と椅子だけでなく、子どもたちがリラックスできるソファやラグの存在は、活動を温かく迎え入れてくれているようでとても優しげです。

【ちょっとアドバイス】

子どものお気に入りの場所をつくりましょう。「心地よい」をテーマに、子どもが気に入る場所を考えてみます。

「心地よい」は、フカフカして心地よいでも、陽が当たって心地よいでも何でもＯＫ。そこでは、リラックスできるよう、多少汚れてもよいように布をかぶせるとか、少しおもちゃをおけるようにするとかひと工夫しておくと、子どもも楽しめるでしょう。

家庭内では、ソファは場所を取りますので、わざわざ子ども用に準備する必要はありませんが、子どもでも好きなように使っていいように、すでにあるソファで読み聞かせしたりして過ごしてはいかがでしょう。もちろん、「飛び跳ねるのはちょっと…」というご家庭では、それをルール化しておくことも大事です。

アレストソファ

子どもに示す「逮捕状」？

ソファはソファでも、こちらはちょっと変わった役割のソファです。私が見学した園でのこと。1人の男の子がちょっとしたいたずらをしました。お友だちを小突いたようです。先生は、その子のそばに行き、まっすぐその子の目を見て言いました。「少し、アレストソファにしましょう」。

アレストソファって何のこと？　と思ってその子の行く先を見てみると、それは保育室の壁に面して置いてあるソファでした。「あぁ、アレスト（逮捕）ソファね」と合点がいきましたが、そもそものアレストソファとはどんな役割をしているのでしょう。

友だちを小突くような悪さをしたら、それはいけないことと教えることが大切です。大人が見て見ぬふりをしたり、あるいは逆に大きな声で叱ったりしても、子どもは育ちません。大人の善悪の

【図表 10　アレストソファで、まずはクールダウン】

判断を見ながら、子どもは善悪の感覚を身につけていきます。

ですから、友だちがいやがるようなことをしたら、ちょっと大げさに「逮捕」という言葉を使って、やってはいけなかったことを教えます。アレストソファは、ざっくり言うと「反省するための椅子」です。

ハグに似たソファの役割

でも、ポイントは、椅子は椅子でもソファであること。そう、子どもの体を柔らかく包むソファです。言葉では、アレスト（逮捕）と言っても、体に触れるのは柔らかいソファ。いじわるしてしまった男の子は、チョコンとそのソファに座りながら、他の友だちが部屋の真ん中で楽しそうに遊んでいるのをしばらくながめていました（図表10）。その間、およそ2～3分。

「どう？　もう落ち着いて、皆と過ごすことができる？」戻ってきた先生に問われ、首をコックリと頷かせたその男の子は、少しばかり神妙な顔つきはそのままでしたが、穏やかな足取りでまた友だちの輪に入っていきました。

ふた昔くらい前の日本では、水を一杯入れたバケツを持って、「廊下に立ってなさい！」などということもあったようですが、こうした罰だけでは、子どもは罰を避けるようになるものの、自分や仲間を心穏やかに見つめ直すことにはならないというのが、今の時代感に沿った考え方ということでしょう。

【ちょっとアドバイス】

アレストソファは、おうちでもできるちょっとしたクールダウンの場所と時間。ポイントは、ソファに座った子から、おうちの人が見えること。ないに越したことはありませんが、お試しください。

自分で決められる子を育てる

とある園のモーニングサークル（朝のホームルーム）でのこと。10名ほどの子どもたちを前に、先生が話し始めました。バックには壁一面のホワイトボード。マグネットが使えるようになっており、園児たちの名前を書いたマグネットシートが準備してあります。ボードには、大部屋、小部屋と書いてあり、さらにその下には、積木遊び、ままごと、タブレット端末などの札がすでに貼り付けてあります。

落ち着いて考え、発表する場づくり

「さて、きょうは何をして遊びましょうか？　それぞれ何をしたいか、前にきて教えてくれる？」先生はそう言うと、少し時間を空けてから、1人に声を掛けました。「さあ、あなたは何をしようか？」

声を掛けられた子は、静かに先生のそばまで来ると、皆のほうをくるりと向いて立ち、「積木」と答え、自分の名前のマグネットを、積木の札の下に貼りに行きました。その間、声を出す子はいません。

流されない心を穏やかに育てる

少人数制で活動の展開をするフィンランドでは、それぞれが何をしたいかを先生が丁寧に聞き取り、皆の前で発表させます。日本では、一斉に遊びの時間にして、「さあ、好きな所へ行って楽しんできなさ〜い」という流れになりますが、この幼稚園では、友だちに流されず、自分のやりたいことにじっくり取り組めるよう、遊び時間の前から流れがつくられていました。

決めるとき、場合によっては先生がアドバイスすることがあります。例えば、「昨日、積木で楽しんだから、きょうは続きをやろうか」、あるいは「別のことにチャレンジしようか」などと聞きます。でも、基本的にはじっくりと待ち、友だちもゆったりと待ち、その子がその時間に取り組みたいことを決める余裕をつくります。

大人になってもいろいろな決め事があります。そんなとき、時間がないからと焦ったり、友だちにつられて決めたりではなく、自分が本当に取り組みたいことを選ぶ習慣が、そして友だちもそれをリスペクトし待つ姿勢が、幼稚園のときからついていくのです。

【ちょっとアドバイス】

おうちでも、お子さんに「きょうはどこに行きたい？　公園と、買い物とどちらかだけれど」というように、小さなことでも自分の意思を決め、言う環境をつくってあげてはどうでしょう。そのとき、「公園だったら、あなたの大好きなブランコとジャングルジムで30分くらい遊べるわよ。買い物だったら、夕飯何にするか、一緒に相談できるかな」等と、追加情報をあげましょう。物事を順序立てて考える習慣がつきます。

なお、どっちか迷ってしまう場合は、初めから「時計の針が10のところになるまでに教えてね」等と、時間も伝えておくこと。しかも、ゆったりと考えられるようにすること。答えが出なければ、問題が難し過ぎたと考えて、簡単な選択肢、例えば、デザートはりんごかミカンか？などにしてみましょう。

張り上げた声は届かない

フィンランドは、（ホッケーやエアギターコンテスト等特別な行事は除いて）とても静かで穏やかな国です。街を歩いていても、カフェに行っても、大きな声で話している人はまずいません。それは、子ども園でも同じことで、フィンランドでは、いわゆる騒々しい園はありません。

通常、日本では、子ども園では元気な子どもたちの声と、それを見守る先生方の声がとても大きく響いているのとは、正反対です。

フィンランドの子どもたちに元気がないのではありません。遊ぶときは元気いっぱいに走り回っています。もともとそんなに大きな声で話す習慣がないのでしょう。

「静かに！」の張り紙がない国

そのため、フィンランドの先生方が、大声で指示したり、注意したり、叱ったりという場面に遭遇したことはありません。落ち着いた普通の声の大きさで、ゆっくりしっかり聞かせるように話をします。それを子どもたちは、静かに聞いています。

静かとか、おとなしいというよりも、「穏やか」という言葉がぴったりの教室内。プレスクールの様子を見せてもらいましたが、教室内には十数名の子どもたちが、床に腰を下ろし、落ち着いて座っています。

先生は、テーブルの上に置いたティッシュケースくらいの大きさの箱の中からアルファベットのカードを1枚取り出し、その文字から始まる言葉を子どもたちに発表させていました。発表したい子も静かに手を挙げてあてられるのを待ちます。まだ考えている子もいますが、誰も「ハイ、ハイ！」とせかさないので、落ち着いて考えています。やがて1人の子があたると、穏やかな声で発表し、先生も「そうね」とそれを穏やかに受けます。

自然体で歌う伸びやかさ

合唱のシーンにも巡り合いました。5歳児さんが、同じく保育室の真ん中に敷かれたラグの上で十数名立って発表してくれましたが、特に舞台があるわけでなく、普段どおりに口ずさんでいるといった様子でした。

「もっと大きな声で！」「もっと口を広げて！」といった先生の指示もなく、ただ楽しそうに声を揃えて歌う歌は、透明感と安らぎのある雰囲気にとてもよくマッチしていました。

大人が声を張り上げると、子どもも負けずに張り上げることになるでしょう。もちろん、危険が迫っているときには、大人は大きな声で注意をしなければなりませんが、それ以外のときは穏やかな声のほうが、子どもも受け取りやすいのでは？　フィンランドの子ども園を見て、そう感じました。

【ちょっとアドバイス】

子どもの大きな声に負けてはならじと、大人がもっと大きな声を出していませんか？　ボリュームは、聞こえる程度で十分。子どもにお話するときは、テレビを切り、ゆっくりと話す習慣をつけましょう。落ち着いた声で会話することで、落ち着いた子に育ちます。

園のテーブルが丸いのはどうして？

理由は大きく２つ

フィンランドの園では、たいていが丸テーブルに数人で腰かけるスタイルになっています（図表

【図表 11　丸テーブル】

11）。日本では、スクール形式といって、先生が前に立ち、園児は皆そちらを向くのがよく見かけるパターンです。丸テーブルの活用、これはどうしてでしょうか？

「あっ」と気づいた方が、ここまで読み進めてきた方の中にはあるかもしれません。理由は、大きく2つ。

1つは、友だちの意見を聞きやすかったり、友だちが何をやっているかすぐにわかったりするからです。一緒に何かをつくり上げるときにも便利でしょう。しかし、それであれば、日本でも、約30人ほどが1クラス分車座になって行う「朝の会」と同じです。

もう1つの理由。それは、先生が少人数の中で話ができるようにしてあることだといえます。

「周りの中の自分」を感じる

絵画活動や製作活動など、先生はいろいろ何かと教えることがあります。でも、それが少人数であり、子どもたちも自由に他の子の取組みを知るチャンスがあれば、お互いに伸びるのも早いです。丸いテーブルには、こんなメリットもあります。

ただ、子どもたちも、気ままに席選びができる場合ばかりではありません。先生により席が決められるときももちろんあります。何に興味を持っているか、今どのような取組みをしているかで分けるときもありますし、話しながら進めるのが性格に合っている子と、静かに取り組むほうが向いている子とのバランスなどを、先生は勘案しながら、席決めやクラス分けをしています。その点は日本とあまり変わりはありません。ただ、フィンランドでは、やはりグループで活動する頻度は高いのではないでしょうか。

読み聞かせで「感じ、考え、表現する」子に

読書量も世界トップクラスのフィンランド。小さいときは、おうちの人に読み聞かせをしてもらい、大人になったら、夏はサマーコテージ、冬は極夜の中、自宅の部屋でゆったりと読書…、情景が思い浮かびますが、読書や読み聞かせでどんな効果があるのでしょう。

読書の効果は想像以上

ハンネレ博士はこう語ります。「就学前教育現場や小学校の先生たちは、本を読んでいるときに『なぜ？』と聞くことがあります。これによって子どもたちは、ロジカルシンキング（物事を順序立てて考えること）、分析する力、共感すること、想像すること、集中することを学ぶのです」。親による読み聞かせというより、子どもとの会話で自然に学びの場をつくっていると言ったほうが、より近いでしょうか。

こうした分析、共感、想像、集中などだけが、読み聞かせの効果ではありません。子どもが、「自分は大切な人間なんだ」と感じることを、自己肯定感といいますが、この「自分大切」のためには、

【図表 12　読書や読み聞かせは多くの効果あり。もちろん、学びにつながります】

自分の感じ方、考え方を表現できるチャンスをたくさんつくり、それを肯定してあげることが必要です。

ストーリーを追いながら、感じ方、考え方を整理し話していく読み聞かせは、その効果的な方法の1つです。

小さな質問で読書を一層深める

そのとき「どうしてそう思う?」と、さらに深掘りして聞くことも、すてきな会話を続けるための1つの方法でしょう。それによって、(絵) 本で描かれていることと、自分の感じ方・考え方との結びつきをもう1度整理することができるからです。また、ストーリーを予想しながら進めるのも楽しい読み聞かせになります。

いずれにしても、決して否定しないこと。「そうか、そう思ったんだね。ちなみにお母さんがどう思ったか聞いてくれる?」というようなアプローチが、次への気持ちを高めます。

フィンランドの子ども園では、先生が毎日何かしらの読み聞かせをしていますし、おうちの方にも家庭での読み聞かせをおすすめしています。

ハンネレ博士は、次のように語ります。「おうちの方にとって読み聞かせの時間は非常に価値あるものです。それは子どもとの関係性を深めるからです。子どもの語彙、話し方、想像、集中力、対話性、忍耐、共感、感情移入、その他資質・能力の向上などは、学校生活をよりよく送る上で、とても役立つのです。

振返り読みでさらに楽しむ

読み聞かせのシチュエーションは様々でしょうが、大切なこととして、特に大人が子どもに読み聞かせるときは、大人は前もって内容を把握しておくことが挙げられます。物語、絵本、文字ばかりの本によって、どんな様子で読むかも変わります。

小さい子への読み聞かせについても、ハンネレ博士からアドバイス。「おうちの方へのヒントとして、こんな読み方もありますよ。本を読んでしまった後、もう1度最初のページに戻り、1ページずつ絵を見せて、子どもにストーリーを話させるのです。覚えていることを話してもいいですし、感想でもいい。いっそ、新しい物語をつくってみても楽しいかもしれません」。

家庭で育む読書習慣

フィンランドの家庭でも、読書は盛んなようです。今回取材した方からも、「読書は、意識と想像力を高めるのに大切。いろいろなことに興味を持ったり、語彙を増やしたりするのにとても役立つと思うわ」（8歳の息子を持つトゥーリッキさん）や、「本をたくさん読んであげたけれど、話の中には、第三者的なものの見方や、モラルについてのエッセンスがたくさん入っているわよ」（子育てを終え、孫を持つペンティさん）と、実体験に基づいたコメントがありました。

【ちょっとアドバイス】

読書通帳をつくりましょう。

読んだ本の記録をとっておくと、子どもがたくさん読書することに興味を持ちますし、後で見返して、内容を思い出したり、感想を言ったりできます。また、「動物のお話が多いから、今度はいろんな鳥が出てくるお話にしようか？　渡り鳥のお話はどうかな？」などと、広がりを持たせることができます。

文字に書くのが大変でしたら、おうちの方のスマートフォンに写真をとっておくだけでも十分記録になりますよ。時々お子さんと見返してください。

●コラム【ブックスワップ】

フィンランドの空の玄関口・ヴァンター空港。日本からの訪問者はもちろん、ヨーロッパ各国への乗継ぎに利用されている、とても大きくてデザイン面でもすてきな空港です。

子どもの遊びコーナーから大人の仕事コーナー、もちろんリラックスコーナーまでいろいろと設置されていますが、ちょっと珍しい取組みがこちらで紹介するブックスワップ。

日本語で「本の交換」の意味ですが、図書館をイメージしてもらうと近いかも。ただ、図書館との違いは、旅行者が読み終えた本をそこに置き、また別の本を持っていくことができるといった、無料の本の交換場所であることです。

【利用者の善意で成り立つ図書空間】

数年前にフィンエアーが一般公募したアイデアの中から採用されたもので、旅行者が飛行機内で読み終わった本を置いておき、代わりに他の本を借りることができるシステムで、係員も帳簿もなく、すべてが利用者の善意によって成り立っています。

当初よりもスペースが拡張され、インテリアも整えられているため、使い勝手は格段にアップしましたが、ちょっとわかりにくい場所にあるので、込み合っている様子はありません。むしろ飛行機の乗継ぎ時間を使ってゆっくりと読みたい本を選ぶことができる空間で、慌ただしさの代名詞のような空港にある、知的なオアシスとも言えるでしょう。ソファにゆっくりと座って読むもよし、そのまま次のフライトに持ち込むもよし。

【ちょっとアドバイス】

おうちでも、ちょっとした工夫で同じようなコーナーをつくることができます。普段の本棚とは別に、おうちの方が買ったり、図書館から借りてきたり、誰かからプレゼントされた本や雑誌をそっと置いておくコーナーです。

例えば、居間の片隅に子ども用の小さな椅子を置き、布をかけ、そこにそっと本を立てかけておきます。子どもが気づいて興味を持ったら、一緒に読んでもよいですね。かわりに子どもからは、自分のお絵描きや、折り紙作品を置いてもよいでしょう。雑誌でも構いません。本との出会いを演出し、本が大好きになるようなひと工夫です。

幸せを言語化、可視化する

感情をカードで示す

ILOKARTTA（イロカルッタ）は、ある幼稚園で見た取組み。イロは喜びやうれしいこと、カルッタはカードのことなので、イロカルッタは、うれしいこと見つけカード、あるいはしあわせカードとでも訳せるでしょう。

しあわせと言っても、まだ小さい子たちにはイメージがわかないもの。それを日常的な事柄を通じて、自分の気持ちを探求していく取組みが、しあわせカードです。

カードには、いくつか質問があります。例えば、「楽しいときってどんな顔？」と、顔を描くスペース。たいていの子は、ここにニコニコの顔を描くでしょう。描くのがまだうまくない子も、表現力がついてくれば、とっても素敵に描いてくれます。大切なのは、自分がうれしいときとはどんなときなのか、そしてそのとき自分の表情が変わるんだ、変わるとしたらこんなふうに変わるんだ、ということを、自分で知ることです。

気持ちの整理でパフォーマンスを上げる

次の質問は、「楽しいとき、どんなセリフを言う？」というもの。「うれしい！」「いい！」「やった！」等の言葉が並びます。他にも、「幸せなときにはどんな行動をしますか？」「体はどんなふうになりますか？」「あなたを幸せにするコトモノは何ですか？」と続きます。

まず、うれしいという気持ちをしっかりと自分で確かめること。そして、それを言語化、可視化すること。小さいときのこうした気持ちの整理が、大人になってから気持ちをコントロールし、時に情熱的に何かに取り組んだり、平常心を保ったといった、ベストパフォーマンスのための心の状態をつくり出すことができるのでしょう。

【ちょっとアドバイス】

紹介した事柄に倣い、しあわせカードをつくってみましょう。質問は、他に、「誰といると幸せ？」「幸せなことを、誰に話したい」等と発展させることもできます。

皆英語がとてもよくできるのはなぜ？

公用語だけでも複数あり

フィンランドには、フィンランド語、スウェーデン語、サーミ語等の言語がありますが、その中で最も話されているのは、フィンランド語です。フィンランド語は、近隣の他の言語系統と異なり、世界の中でも習得するのが難しい言語と言われています。

サーミ語を話す人たちは、フィンランドの北のほうの人たちで、人口が少なく、そこではユニークな民族衣装を有しています。

英語が母国語でないと言っても、フィンランドを旅する人は、フィンランド語やその他の現地の言葉を知らないから…と困ってしまうことはありません。ほとんど誰でも英語を話します。私自身、英語が通じなかったのは、過去10年で1回あったかどうか…。カフェに入っても、電車やバスに乗っても、ショッピングに行っても、英語が通じずに困ることはありませんでした。

しかも、子どもから大人まで、流ちょうな英語を話します。思わず、「ここホントにフィンランドだっけ」と思うような、独特の訛りなど感じない英語の発音にも驚かされます。英語教育を子ども園から始めているところもありますが、フィンランドの国の教育制度としては、小学校３年生から履修しています。

瞬時に切り替えられる語学力

こんなことがありました。オウル大学でのある授業でのこと。20人くらいの学生のうち、私を含めて半分くらいが外国人でした。授業が始まり、芸術の教授が入室、挨拶程度の二言三言をフィンランド語で話しながら私たちのほうを見渡すと、ピタっと止まり、「あっ、きょうは留学生もいるんだな。じゃ、英語で始めよう」といきなり話し言葉を英語に切り替えて授業を再開したのです。

やはり、小さいときから英語に触れているのが強い

翻訳機のスイッチでも入れたかのような、その柔軟かつスムーズな対応に、英語力の高さがベースとしてあることを実感しました。

これは、大学だからできたことではなく、実は街中の駅でも、スーパーマーケットでも、スタッフの人たちがフィンランド語から英語にサラッと変えて対応してくれる場面に何度も出会いました。

フィンランド人が英語を得意とする理由はいろいろ言われています。

① 小学校の英語の授業が充実

小学校から高校までの英語の総時間数を比べてみると、実はフィンランドのほうが日本より3割ほど少ないです。ところが違いは、いつ集中して学んでいるかです。日本の小学校は、一般的に3年生くらいから週1コマの授業を行っていますが、フィンランドでは、小学校3年生からの4年間で、現地の高校3年間と同程度、あるいは日本の高校の半分近い授業数もあり、早期重視型です。

私立の子ども園では、子どもたちに英語を通して遊び、歌で学んでもらおうという取組みもあります。3歳から4歳の子どもたちが対象で、楽しみながら学ぶものです。また、大きくなると学習内容も実用的な会話が中心であり、自分の意見をまとめて言う時間もあります。

逆に、高校生になると、英語の授業数は少なくなります。10代前後で同じ時間数英語の勉強をするのであれば、効果が高いほうがいいですよね。今、日本で英会話教室などに参加している子どもたち、無理は禁物ですが、将来役に立つでしょう。

②　テレビの英語放送が豊富

海外から情報を得るためのテレビ放送では、英語のものも少なくありません。子どもたちは、テレビでも英語に親しみながら、自然に生活の中で使えるようになっていきます。トーク番組もドラマも、英語に触れるチャンスがかなりあります。

③　SNSでの情報交換も盛ん

趣味やゲームの情報を交換するのに英語は欠かせません。高度情報化の時代、人口５５０万人のフィンランド人を相手に、わざわざフィンランド語への翻訳をしてくれるようなことはあまり期待できませんから、フィンランド人から言葉の壁を乗り越えていかなければいけないのです。しかも、流行り言葉は、やはりスピード感のあるSNSで仕入れることも多々あり、「そうか、ここでこの言い方を使うのか！」といった気づきもあって、最高の英語レッスンになります。

日本でもフィンランド並みの英語学習が進めばと思い、まずは学校等のテキストが違うのかどうか見てみましたが、日本のものと大差はありませんでした。むしろ日本のほうが種類も内容も充実しているように感じます。そうすると、授業の進め方でしょうか？　それともそもそも国民性の違いでしょうか？

日本人は、間違いを気にして話さないと言いますが、フィンランド人も積極的に話をするほうではないし…。

私としては、前記の①～③がやはり大きいのではと思います。特に①で紹介したように、実用的な英語力を早い段階で学ぶことは、おすすめしたいことの1つです。

【ちょっとアドバイス】

家庭でできる！　フィンランド流英語活動。

ここに紹介した理由を考えると、次のような共通点があることに気づきます。つまり、①しっかりとした勉強を早めに1度はしておくこと、②たくさん触れること、③ストーリー性のある教材を使うこと、そして④自分の興味のある分野で楽しむことです。

ネットの動画サイト等で、自分の好きなジャンルの動画を見ていると、無理なく内容や言葉に興味を持ちます。それをノートに書き留めるとか、ネットで発信する等することで、英語の運用力がアップします。アニメも効果的です。

小さいお子さまの場合は、ぜひおうちの方々も楽しんで取り組んでください。プロジェクト・ベース（何かやりたいことをベースに学んでいく方法）で、楽しく英語と親しみましょう。

●コラム【足し算、引き算、英単語】

【幼児期から英語に触れて】

フィンランドでは、小学校から英語教育があると書きましたが、実はもう少し早い段階で英語に触れています。場所は、子ども園、あるいは小学校に上がる直前のプレスクール。すでにいくつかの英単語が紹介されており、しかも子どもたちの知的好奇心を満たすような、少し大人びたものもあります。

私がびっくりしたのは、数と形の英単語。数は one, two, three と書いてあり、時計も英語で読めるように教材が準備されています。形では、三角形の triangle や正方形の square 等が紹介されていますが、それにプラスして、何と三角錐（さんかくすい）、四角柱、球体等もイラストと共に英語が紹介されているのです。

ちなみにそれぞれは、delta cone / triagonal pyramid、square pole、sphere と言いますが、日本でいうと英検2級、もしくは高校3年生以上のランクの単語。

ただ、生活に密着していたり、子どもが知りたがるような事柄であれば、それも英語で紹介しているのでしょう。

【お国柄が出る単語表】

少し余談を。英単語表には、様々なスタイルのものがあり、私も世界の様々な国の英単語表や数字表を見てきましたが、それに記載されている単語が意外にお国柄を表していることがあり、おもしろいです。

例えば、シンガポールの数字表。1、2、3…と数字が並び、その横に関連する絵と英単語が書いてありました。2は指をVの字に出した手、3は三角形が紹介されていましたが、1には何とシンガポールの国の地図が。

多様な民族、国籍の人が集まり、1つの国としての力を発揮しているシンガポールでは、1と言えば「国は1つ！」と教えているのか、しかも幼児期から！　と驚きました。

話をフィンランドに戻すと、Xのところに XLkoko とありました。Xから始まる単語はなかなかなく、たいていは xylophone（木琴）か x-ray なのですが、フィンランドの場合はそのまま XL サイズ。生活に馴染みのあるXの英単語というと、このサイズ表示なのでしょう。思わず笑ってしまいました。フィンランドお得意の xylitol（キシリトール）があるというのに…。

【数のおもしろさ、不思議さを感じるチャート】

話を元に戻します。数字と形のうち、数字では、早くも足し算、引き算の計算式が、英語で紹介されていました。プラス・マイナスの考え方と英語とを6歳児で同時に進めるとはと、何だか少し早い気もしましたが、これを子どもたちは当たり前のように受け入れています。子どもの興味をベースに進めているのでしょう。

むしろ、母国語であれば幼少期に覚えるような日常の簡単な言葉（例：おでこ）でも、英語では何と言うのか知らないというのが、日本の英語教育の１つの欠点でもあることを考えると、無理がない範囲であれば、早期学習もOKではないでしょうか？

ちなみに、足し算はAdding Up、引き算はTaking Awayというタイトルで紹介されていました。Adding Upの表は、1+1=2、2+1=3、3+1=4…と続くもの。また、Taking Awayは2-1=1、3-1=2、4-1=3…と続きます。こうした表で数の面白さを感じさせつつ、実用に結びつけているのかも知れません。

リアルで学ぶ

幼児も触れる太陽系模型

フィンランドの幼稚園で、かなりの確率でお目にかかるのが、太陽系の天体模型です。日本では、天体の授業があるのは小学校中学年からで、太陽や月、星の様子を学びます。フィンランドでは、初めから自分たちの環境を地球や宇宙という視点から捉えるきっかけづくりになっているのでしょう。

また、水や砂の量を測るビーカー等を見ることがあります。日本の幼稚園で砂場と言えば、バケツやプラスチックのコップ、あるいはスコップなどがあるのが一般的ですが、フィンランドでは室内に簡単な砂場（サンドボックスといって、箱の中に砂が入れてあるもの。海外では時々見かけます。机くらいの大きさで、まさに机のように脚がついていて、子どもたちは立ちながら遊ぶスタイルのものもあります）があり、子どもたちはそこにあるビーカーに砂や水を入れて、他の容器に移し替えたりする遊びをしています。

子ども扱いしない

遊びの中に知的好奇心を高める様々な仕掛けがしてあるのがフィンランド・スタイル。かといって、決して背伸びした知育教材を入れているのではなく、あくまで子ども目線で、「きっと、こんなことにも興味を持つのだろうな」という選び方をしているようです。

本物に触れさせることが、探求心を伸ばします。先ほどの太陽系も、普段自分たちが昼間見ている太陽や、夜空で見ている月が、実はこういうフォーメーションで、こう動いているということに触れることで、知的好奇心がさらにアップします。

太陽が東から出て西に沈むこと、季節によって日の長さが違うことなど、いろいろな自然界の不思議を、小学生になってから授業で習うのでなく、自分の興味のあるときに、新鮮な驚きと共に学んでいくことは、大切なことです。

【ちょっとアドバイス】

かといって、家に立派な太陽系模型を置きましょうという話ではありません。子どもが興味を持っていれば、「ちょっと早いかな」と思っても、近くの科学館やプラネタリウムなどで一緒に過ごすような日常こそ、子どもの知的好奇心を高め、持続させることにつながります。

●コラム【ガイコツの塗り絵】

太陽系の模型の他にも、リアルに科学する教材がいろいろなところに並べられています。ある園では、何とガイコツの絵を描いていました（図表13）。１人ひとりが、ガイコツに色を塗り、様々な骨の名称がわかるようにしていました。

ガイコツがすべて同じ紙だったので、おそらく市販教材か、先生が作成したものでしょう。よく見ると、塗り絵の色はまちまちでしたので、子どもたちが興味を持つように好きなように色塗りをさせたようです。

人の目の写真だけを集めたコーナーもありました。いろいろな表情の目の部分だけの写真が集めてあり、最後に目の解剖図が並んでいます。子どもの頃の空想はとても大切ですが、科学の芽を育て始めるにもよいタイミングです。

【図表 13　ガイコツの塗り絵】

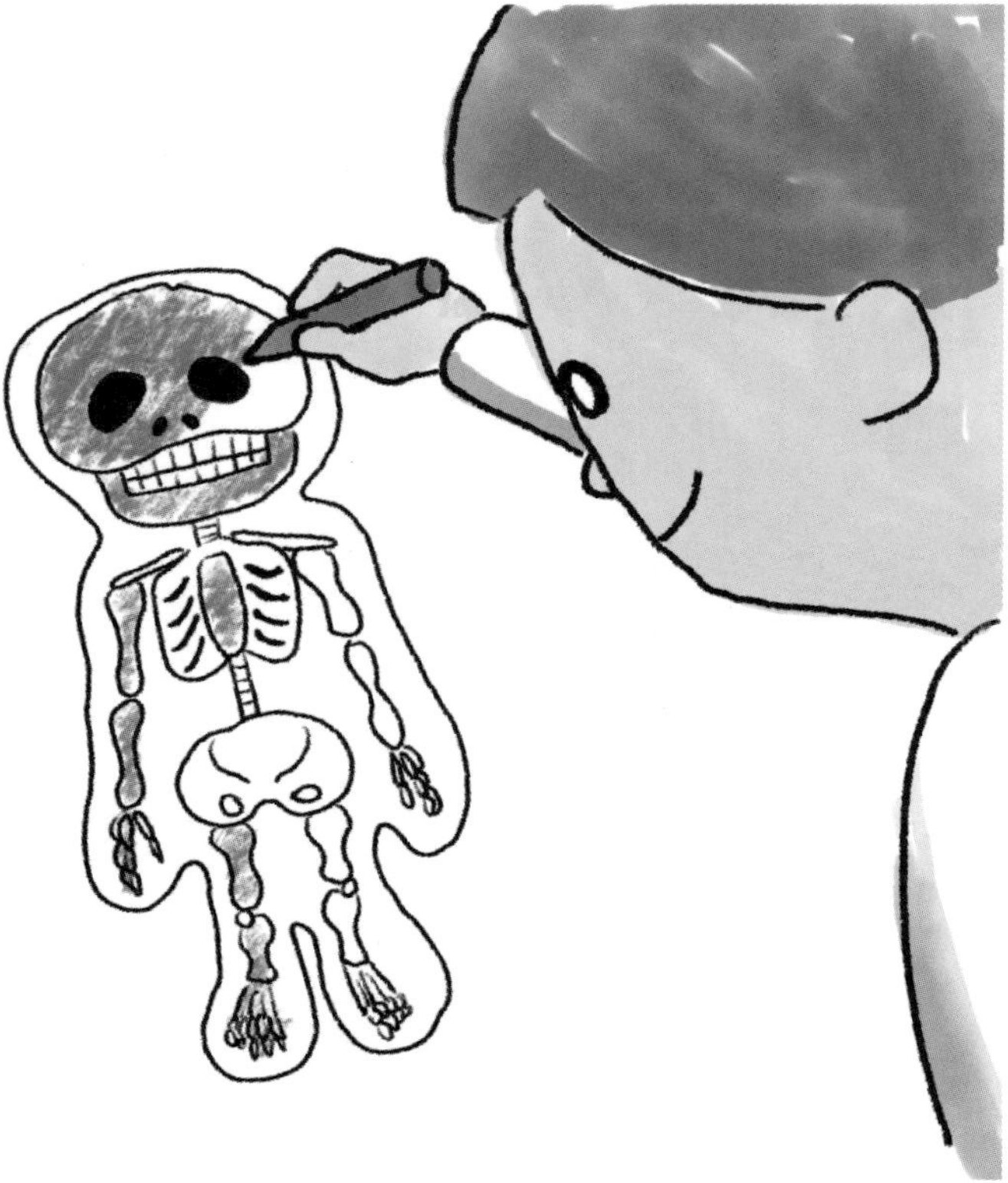

【壊してもよいコンピュータ】

同じような理由で、コンピュータも置いてありました。大人が使うコンピュータを、子どもが興味を持たないはずがありません。壊してもよいコンピュータを置いておくことで、子どもたちは好きなようにキーボードに触れ、反応を楽しんでいます。

年長児の中には、アルファベットを打ち始める子もいます。もちろん、文書をつくることが目的ではなく、楽しむこと。遊びです。

触ってはいけないものを、ルールの下で触ってみる遊びの中で、楽しみを味わい、学びが始まるのです。

【遊びは学びのスタートライン】

学びにはスタートがありますが、ゴールはありません。試験でよい点を取るというのは、途中経過の記録です。

それを目標に学習を進めるのは、悪いことではありませんが、もっと大切なのは、生涯学び続けるという、学びのスタートラインに立つことです。

フィンランドの教育は、学びのスタートラインに知らず知らずのうちにつき、気づいたら遠くにうっすらとマイルストーン（道しるべ）が見えているから、またそれに向かって進むといった感じでしょうか？

「できる」につながるステップを示す

細か過ぎるステップで上達を示す

こちらも、とある幼稚園での気づき。フィンランドらしく、幼稚園からスケート活動がありました。子どもたちは、楽しそうにトライしていますが、やはり転んでばかりではやる気もなくなってきます。

そこで、先生たちが作成したのが、「スケートができるようになるカード」（図表14）。とっても細かいステップが示されていて、こんな感じです。

① スケート靴を履くことができる。
←
② スケート靴の紐を結ぶことができる。
←
③ 2本足で立つことができる。
←
④ 前に進む（歩く）ことができる。
←

【図表 14　スケートが上達するステップカード。
お気に入りのスポーツ等でつくってみては？】

ステップカード

内　容	評　価
①　スケート靴を履くことができる。	
②　スケート靴の紐を結ぶことができる。	
③　２本足で立つことができる。	
④　前に進むことができる。	
⑤　ブレーキをかけることができる。	
⑥　後ろ向きに進むことができる。	
⑦　ぶつかることができる。	

⑤ ブレーキをかけることができる。
↓
⑥ 後ろ向きに進む（歩く）ことができる。
↓
⑦ ぶつかることができる

これらのステップにつき、「できる」、「取組み中」、「うまくできない」の3段階で評価する表になっており、子どもたちは、自分がどこまでできているのか、次に何をやればいいのかの目途を立てながら楽しむことができます。

遊びやスポーツも、続けていればちょっとずつ上達することがわかるこんなカードがあると、子どもたちも遊びのワザが上達するだけでなく、物事を続けて上達する努力と、それが報いられる喜びを学ぶきっかけにもなります。

【ちょっとアドバイス】

ステップカードをつくってみましょう。前述の「しあわせカード」同様、パターン化しておいて、項目を入れるだけにしておくとよいですね。

ポイントは、初めのうちほどちょっと頑張ればできそうなステップにしておくこと。目安は、1回目できなくても2回目できるくらい、きょうできなくても翌日できるくらいの段差にしておくこと。

そして、お子さんと話しながらつくることです（親の強い思いだけでつくると子どもはしんどい思いをするかも）。できたら冷蔵庫に貼ったりし、コンプリートしたら大きな○をつけたり、できたものを綴じていったりして、プロセスと成果を認めていきましょう。

１人で遊んでいても心配しないで！

狭いところに入り込んでもＯＫ

園の見学をしていると、友だちと一緒に何か遊んでいる子もいますが、時には狭いところに入り込んで、１人で人形遊びや積み木をしている子がいます。

しかも、どうやらそうした狭い空間は、意図的につくられている（建物構造上ある空間に手を加えずに残している）ようでもあります。

フィンランドでは、１人で遊んでいる子に、大人が「さあ、皆と一緒に遊んでいらっしゃい！」というような声掛けをする姿はあまり見かけません。その子はその子で、集中して遊んでいるのですから、それを妨げることは、むしろマイナスです。

大人の判断で、皆と遊んだほうがよいだろうと思うのは、その子の考えを尊重していないことになりますから…。

大人だって時には1人がいい

1人遊びをしている子が、友だちが全くいなくてさみしい思いをしているのか、それとも今は集中したいのか、見極めるのが大人の役目です。大人でも、1人で本を読んだり、考え事をしているときに、声をかけられると落ち着きません。1人になれる時間と空間を準備しておき、必要に応じて声をかける。この程度でよいでしょう。

ある園では、1人分のスペースを、ちょうどお風呂の足ふきマットくらいのラグで示していました。1人で遊びたい子は、そのラグを教室の片隅からとってきて、床に敷いて遊びます。そこは、その子だけのスペース。

他の子は、そのラグを使っている子に声をかけたりしません。1人で遊びたいというメッセージを伝える役割もしているのです。

【ちょっとアドバイス】

1人の時間を大切にできるよう、時間と空間をあげましょう。子ども部屋でなくても、小さなラグで十分です。よく、「何歳から子ども部屋はあるとよいでしょう」と質問されますが、自分で管理するスペースという意味で、ラグなどを与えるのは、保育園幼稚園に通う時期からでも、早くはないと思います。また、その前段階として、食事のときのランチョンマットやトレイも同じ役割をしてくれます。

1つの遊びをじっくりと

日本の幼稚園や保育園には、様々な行事があります。毎日の生活でも、歌があり、お遊戯があり、給食があり…と、まあまあ忙しいのが現状です。

かく言うキートスガーデンでも、ゆったりめにスケジュールは組んでいるつもりですが、気づくと1日も1週間も、あるいは1年も行事で盛りだくさんというのが実情です。

１つの遊びに半年費やす

そんなことに慣れっこになっている私がびっくりしたのが、ある園での取組みです。見学したのは3月でしたので、９月からの年度がほぼ半年終わったところ。きょうは、子どもたちの遊びを見てもらいましょうとのことで、園内に入りました。

お遊びのテーマは、大きく言うと、ショッピングモールというとイメージがつきやすいでしょうか？　要するにお店屋さんごっこです。

子どもたちは、めいめいに自分の店を出店しているのですが、これがなかなか本格的です。使っているのは何の飾り気もない部屋。誰もいない小学校のように長い廊下といくつかの教室が続いています。でも、そんな無表情な場所での創造力がすごいのです。

リアル感が高い「お店屋さんごっこ」

例えば、ある子は、仲間と一緒に大人の肩こり解消のマッサージ・サロンを出店していました（この時点で、八百屋さんや果物屋さんといった定番のお店にとらわれずに自由に発想させているのにおどろきですが）。そのマッサージ・サロン、入るとまずロッカールームがあり、受付の子から段ボール紙を切ってつくった鍵付きの入館証が渡されます。続いて部屋に入ると、大人でも寝られるくらいのベッドが置いてありました。一緒に視察に訪問していた私のスタッフが、「お願いしま〜す」と言って横になると、かわいい手で肩をマッサージしてくれます。

また、別の教室の前には、手書の映画のポスターが貼ってありました。どうやら映画館のようです。切符を買い、中に入ろうとすると、1人の子どもから「アイスクリームもありますがいかがですか？」とかわいい声。色紙を丸めてつくったいろいろなフレーバーのアイスクリームの中から好きなものを選び、こちらも手づくりの紙製のコーンに乗せてもらうと、それを落とさないよう持って（笑）、上映室へ。カーテンを閉めて薄暗くしてある室内で、動画サイトから短いアニメーションを見せてもらいました。

子どもが競馬場をつくっても怒られない

さらに進むと、電車の駅、売店もありますし、その前にはご丁寧に銀行までありました。圧巻は、スポーツルームにつくられた競馬場です。この縦展開、横展開のすばらしさ。ただ単に、お店をや

【図表 15　お店屋さんごっこ。子ども目線のリアルさがほほえましい】

るだけでなく、ポスター制作や経営までにも膨らませていきます。お店屋さんごっこというお題をどのように発展させていったのか先生に聞いてみると、次のように答えました。

「このお店屋さんごっこは、実は半年間続けています。週1回ですが、すでに20回ほど行っているでしょう。毎週、子どもたちは、準備したお店屋さんを営業しますが、終わった後で何か足りないものはなかったか、あるいはあるともっとよいものは何かを考え、次の時間に準備します。ただ、子どもたちもこの取組みが1～2回で終わるのではないことを知っているので、次回までに準備するものが何であり、次々回以降に準備すればよいものが何かを考えることができます」。

単発イベントでは身に着かない力を

やはり、遊びは、じっくりと時間をかけるもののようです。思考力、判断力、表現力は1回のイベント的お遊びでは身に着きません。大人の指示で準備をするのでは、遊びから学ぶものはどうしても少なくなりがちです。

子どもは、自分たちのお店がどうすれば魅力的になるのか、お客さんが喜んでくれるのか、自分たちも楽しいのかを、時間をかけて、自分たちの力で考え、実現していきます。こうした遊びにこそ、学びがつながってくるのです。

なお、こうしたお店屋さんごっこの日本との違いは、他にもあります。これは、国民性もあるでしょうが、フィンランドの遊びは、やはりというか、いたって静かに進行します（笑）。日本ですと、「いらっしゃいませ〜！　いらっしゃいませ〜！」とどの店も大きな声で連呼して客寄せをし、大人たちもせわしなくまんべんなく回りながら、「ありがとう！　また来ます！」と、これまた大きな声でお礼を言います。

いずれにしても、子どもがやりたいといったお店をまずはやらせてみる寛容さが必要でしょう。そのうち雰囲気いっぱいに、リアルに近いお店屋さんを展開してくれることと思います。

果ては街づくり、国づくりにも

初めに、このお店屋さんごっこのイメージを、ショッピングモールと表現しましたが、ひょっとしたら、街づくり、地域づくり、あるいは国づくりといったほうが広がりがあるかもしれません。そのうち子どもたちからは、きっと病院や役所もやってみたい、必要だといったアイデアも出てくるでしょうから。

【ちょっとアドバイス】

明日も遊べるコーナーづくり。遊び込んでいると、時間を忘れてしまうもの。続きをやりたい子どものために、キャリーオーバーできる工夫をしてみては？

例えば、つくりかけの積木があって、部屋の隅に移動できそうであれば、何かで囲いをするか、布で覆う等して、あくる日まで保管。子どもも安心して中断し、翌日またあらためてテンションを上げて取り組めるでしょう。

このように、遊びに時間軸を取り入れると、広がりや深みが増すことが期待できます。昨日はできなかったこと、思いつかなかったことができるようになったり、より頑丈だったりきれいだったりする構成がひらめいたり。

明日も同じ遊びの続きをしたいかどうかは、子どもの考えもあるでしょうが、大人も「これはもうちょっと頑張らせたいかな」と思われたら、ぜひ、一緒に関わりながら、「よし、明日も続きをやろうね」と声をかけてください。

何か生き物を育てることでも同じようなことができるでしょう。種が、芽になり、花を咲かせ、しおれていく様子。卵がかえったと思ったら、あっという間に芋虫になり、モリモリ餌を食べてさなぎに、そして蝶になる様子。ひと目見るだけではわからない様々な変化が、継続することで発見できるようになります。

記録を取ればベストですが、そこまで大変だったら、「きょうはさなぎ、ちょっと動いたね」というように、子どもが言葉にできるようにするとさらに学びにつながります。翌日、「きょうはさなぎ、ちょっと動くかな？」から始めてもよいですし、少し大きな子ならば、自分で図鑑を見出すかも知れません。

こうした「継続的に感動を味わう」「粘り強く取り組む姿勢を持つ」「新しいものを知る探求心を持つ」ことも、「学びに向かい続ける力」に大いにプラスに働くでしょう。

第3章　フィンランドの家庭に聞く子育て事情

シンプル、リラクシング、落ち着くカラーリング…、北欧の家具に囲まれた家の中は、そんなワードがイメージとして浮かんできます。そこに素材感や配置のバランスが相俟って、素朴さと洗練さとを同時に感じるフィンランドの空気感が醸し出されます。

フィンランド人のお宅におじゃま898すると、絵画や彫刻など、特にアート作品が飾ってあるわけではないのに、上品な色ながら、大胆な柄のカーテンやテーブルクロスが木製の家具にあしらわれて、センスのよさを感じます。昼間は陽の光を窓から取り入れれば十分と考えているようで、森の中の木漏れ日のような光の揺らめきが、室内にも溢れています。

フィンランドの子育て、今度は、各家庭での取組みに焦点を当ててみましょう。

本章では、フィンランド在住の保護者さんたちにお話を聞きました。リアルなコメントをたくさんいただけたので、順に紹介していきたいと思います。

だんらんスペースを大切にしたマイホームづくり

まずは、家の造りから。答えてくださるのは、私の大切なフィンランドの父母、ペンティ&アンナ・ピルバリネンさんです。ペンティさんは１９４６年、アンナさんは１９４７年生まれで、私のオウル大学留学中のホストファミリー。当時は60代前半でしたが、今では３人のお嬢さんたちはそれぞれの家庭を持ち、４歳から20歳までのお孫さんは全部で８人です。

仲間と共につくった家

時々たくさんのお孫さんに囲まれながらも、普段は夫婦2人で暮らしているペンティ&アンナさん。フィンランドの中部ケンペレという小さな町にある一軒家は、何とペンティさんと仲間による自作です。

それでは、早速自宅を訪問してみましょう。敷地に入り、家屋まで歩くこと数メートル。手前がガレージで、玄関はその先です。ドアを開けると、下駄箱とコートハンガーが目に留まります。日本と同じように、家の中では靴を脱ぐ習慣のあるフィンランドでは、玄関に足ふきマットと共に下駄箱があるのがお決まりのパターンです。

家は横長で、片方の端に「子どもコーナー」、反対側の端が「親のコーナー」、そして真ん中が家族皆で過ごすスペースとなっています。

暖炉やガラスのベランダで快適温度な室内

子どもコーナーには、寝室兼勉強部屋が3つ、トイレとシャワー室、ウォークインクローゼットに、遊びの部屋があります。

真ん中にはリビング、キッチン、ダイニングが簡単な間仕切りで区切られていますが、使うときは1つの大きな空間となります。キッチンとダイニングの間はシンクで、食事の準備や洗い物をしながらダイニングの様子を見ることができます。また、リビングとの間には、柱に設置された暖炉があり、料理用のオーブンとして使ったり、暖を取ったりしています。ただし、暖房は別に電気でまかなっています。

リビングの南側は外に面しているので、そこをガラス張りのベランダとして使っています。それなりに大きなスペースですので、春や秋に陽の光と暖かさを感じるのがとても気持ちよい空間です(夏はちょっと暑すぎるのですが)。

ファミリーで集える場がある贅沢

ダイニングにある木製テーブルは、思いっきり伸ばせばリビングまで届き、孫が来たときの16人プラスお客様が一緒に食事できるくらいです。キッチンから料理もすぐに運べるし、便利です。もう片方の「親のコーナー」には、寝室、トイレ、サウナ、洗濯の部屋に家事用の部屋がありま す。その先には庭への出口があり、時には雪の日にサウナから庭に飛び出し、寝っ転がって「スノーエンジェル」をつくることもできるとのこと。寒さに慣れていないと、相当勇気がいるでしょうが、フィンランドでは、よくある遊びの1つです。

木造の家は、119㎡あり、知合いの建築家が設計してくれたそうです。当時、家を建てるとなると、たくさんの家族や友だちが手伝う時代でしたが、ペンティさんの家はいろいろと手間がかかったようで、普通以上にたくさんの人たちが手伝いをしてくれたとのこと。つくったのは1979〜1980年ですから、ペンティ&アンナさん共に30代前半だったということでしょう。

【図表 16　子どもがたっぷり遊ぶスペースを確保】

遊びの部屋では、何か子どもに注意するといってもせいぜい「高いところに登るのは気をつけなさいね」と声をかける程度。「ちゃんと守るので、ケガにつながるようなことはなかったかな」と言います。

屋外の小屋も大人気

家の庭には、アンナさんのお父さんがつくった遊び用の小さな小屋があって、特に女の子たちが集まって楽しんでいたとのこと。洗濯遊び、お料理遊びやお客さんごっこなど、家の中では濡れたり雰囲気が出ないのでできない遊びが多かったそうです。

最後にもう1度入口に戻って、ガレージへ。アウトドアを楽しむペンティさんは、ガレージをつくり変えて、釣り具やトナカイ狩りのためのライフルから、肉をさばくためのナイフコレクションまで、何でも揃えた部屋を持っていました。大人の秘密基地とでもいいたくなるこの部屋なのですが、これもペンティさんが特別なのではなく、フィンランドではよくある話とのこと。

子どもの頃から自然に親しんで、思いっきり遊んでいると、大人になっても心を休めることができたり、次への活力になる術があるということでしょうか。

定年退職したペンティさんとアンナさん、今はゆっくり毎日を過ごしていますが、いつもニコニコ、元気な姿を見せてくれています。

遊びは、子どもたちだけでなく、大人にも不可欠なようです。

●コラム【オーガニックが並ぶ食卓】

フィンランドの家庭を訪問すると、すごいごちそうが出てきます。といっても、決して高級食材に高級ワインが出てくるわけではありません。むしろその反対で、たいていは家族が休みの日に森や湖に出かけて採取してきたものです。

【トナカイの肉が並ぶダイニング】

お皿の上には、素朴ながらも生命力をしっかりと感じる食材が、郷土の味で盛り付けてあります。私がよく訪問したペンティさん宅の定番を紹介しましょう。まずはベリーの数々。ブルーベリー、クランベリー、ラズベリーにクラウドベリーと、色鮮やかなベリーが大きなガラス製のボウルにたっぷりと入っています。夏の間に家族みんなで森に行き、集めてきたものです。ビタミン不足がちな冬に備え、冷凍したり、ジャムにしたりしておいたものは、デザートで食べてもよいのですが、実は相性がいいのはペンティさんが仲間と一緒に仕留めてきたトナカイの肉。柔らかく煮込んであり、臭みもありません。聞けば、ペンティさん自身がさばいているとか。野菜を付け合わせ、たっぷりといただきます。

続いて魚。魚のマリネのようなものが出てきました。きれいに盛りつけしてあり、こちらもたくさんあっていくら食べても減りません。もう十分と思ったら、さらに30センチはあろうかというマスがグリルして出てきました。こちらもペンティさんが近くの湖で釣ってきたもの。アンナさんが調理し、ソースを添えてあります。1人半身も食べればそれだけでいっぱいになります。

【スーパーのものも賢く活用】

もちろん、全部オーガニックというわけにはいきません。共働き家庭が多いフィンランドのこと、スーパーマーケットに並んでいるものも上手に活用しています。極めつけはアイスクリーム。食後のデザートで出てきたアイスクリームは、業務用パックに入ったもの。たっぷりと甘いものも食べて、おなかのフタができました。ライ麦パンも食べ、ビールも飲みと、すてきな家族パーティーとなりました。

家族が採取してきたものを、家族が調理し、家族で食卓を囲む。おしゃべりも弾み、話題は狩りの話から子どもの遊びや学校での様子、近所の出来事、明日のお天気まで、止まることはありません。子どもたちは、同時にマナーを学び、大人の会話から様々な事柄や心情に触れます。

フィンランドは、長寿国としても知られています。これは、高度な医療を幅広い人々が享受することができることにも大いに関係していますが、私はやはりこうした食生活も大きな理由の1つではないかと思っています。

自然の恵みをおいしくいただく。食卓があり、話題が弾む。日本でもオーガニックな食材が人気

【図表 17　自然の恵みを皆でおいしく。キャンドルを灯しゆったりと】

で、よい流れですが、フィンランドのようにバラエティに富んだ食材を皆が囲む姿こそ、学びも幸せ感もたっぷりの食卓と言えるでしょう。

家にサウナのある幸せ

2人に1つサウナのある国

サウナは、フィンランドが発祥とされる入浴法であり文化です。積極的なPRもあって、この事実を知っている人も増えてきました。

最近では、都市部にも巨大なサウナ施設がつくられるようになりました。2021年現在、ヘルシンキにも大きなサウナが2つあり、人気で入れないほどです。

人々にとってサウナは、健康維持のためのリラクゼーションの場でもあり、またコミュニケーションの場でもあります。

私は、ヘルシンキにできた施設「ロウリュ」に行きましたが、入れませんでした。理由は、「貸切りでパーティーをしているから」。そう、サウナに入るだけでなく、その後に飲食をするパーティーもできるような空間になっているのです。

サウナ施設内の会議室には、プロジェクタを備え付けたところもあるくらいですから、サウナ後のプールがあるのは当たり前でしょう。

レアな体験では、駐日フィンランド大使館のサウナに入らせてもらったことがあります。フィンランドへの留学や勤務経験のある人の同窓会が大使館で開かれましたが、そのときに希望者はサウナに入れてもらえました。「賓客と入ることもあるよ。難しい話は抜きにして語り合える場は、こうした大使館でも必要だからね」と、当時一緒に入浴した係官からそんな話も出ました。本音で語り合えるのは、日本のお風呂にも通じるところがありそうです。

こうしたユニークなサウナの他に、ホテル等にも設置されているところがあるため、フィンランド国内には世帯数以上のサウナがあると言われています。人口550万人に対して、その数、一説には200〜300万室！　まさにサウナなくしてフィンランドは語れないのです。

自宅サウナは家族皆で

では、子育てとどのような関わりがあるのでしょう。

フィンランドでは、かつて出産の場所として使われることもあったというサウナ。特別な場所でなく、生活との関わりが大きく、自宅にあるのも珍しくありません。私のホストファミリーのペンティ&アンナさんの家にも、ちゃんとありました。3畳くらいの脱衣兼シャワースペースに、2畳くらいのサウナ。私が入りたいとお願いしたところ、寒く雪降る日、私の到着に合わせて温めてくれていました。

「サウナは、家とサマーコテージ、どちらにもあるわ」とマリアさん。ペンティさん夫妻のお子さんで、3児のママさんです。「冬の冷え込むとき、体を温めるにはとてもいいの。風邪をひき始めにも効果的だわ」と言います。

「子どもが小さかったときは、家族皆で入ったわ。子どもが12歳くらいで思春期になった頃には、(男の)子どもたちは父親と入るようになったけど、フィンランドの子どもたちは、小さいときからサウナには慣れているの」と言うマリアさん。「サウナで裸になるのは自然なこと。そこではいろいろな会話が繰り広げられるわ」。

サウナタイムは欠かせない

サウナでは、通常、先にシャワーなどで簡単に汗などを流し、採暖室に入室します。じっと座っていながら、時々熱源に水をかけて蒸気で刺激とリラックス感を得て、白樺の枝葉で肌をたたいて血行をよくしますが、親子でお互いにケアし合う様子は、日本での背中を流し合う様子を思い浮かべます。

「自宅にあるサウナは、うちの家族にとってとても大切なものなの。1週間に3～4回かしら、いつも子どもと一緒入るわ」とカーリナさん(40歳)。サガさん(娘8歳)、レコくん(息子6歳)のママです。「リラックスしながらいろんなことを話すサウナタイムは欠かせないものよ」と言います。

サリさんにも聞いてみましょう。5人の子どもを育てるママです。「フィンランドには様々なサウナがあって、うちには屋内に電気で温めるタイプのサウナと、屋外に薪を使うサウナと2種類あるわ。夏はいつも屋外サウナね。いずれにしても、年中ほぼ毎日サウナは使っているの」。「サウナにいるときは、子どもたちに何か役割を与えている」と続けます。「例えば、水を熱源にかける役割。子どもたちは順番にやっているの。小さな子どもは、小型のバスタブを用意しておいて、その中に入ることもできるようにしているの。そうすると熱いサウナの中でも汗をかき過ぎないから」と工夫している様子を教えてくれます。

子ども用に、おもちゃを持ち込むこともあるそうです。一方で、「様々なトピックや深い話でそれぞれの思いを語り合う」場にもなっているとのこと。家族にとってなくてはならない場所になっています。

サマーコテージにもサウナあり

サマーコテージは、フィンランド人になくてはならないもの。森の中や湖のそばにあり、自然と共に様々な遊びをするには抜群の空間です(図表18)。ただ単に自然と戯れる遊びもありますが、「自転車に乗って、ベリーを摘んで、魚を釣って、サウナで体を温めて、森でクッキングをして…、といった具合に遊んでいるんだ。工具や器具も普段と違うものをいろいろ使って、珍しい動物にも出会って、薪を集めてって…。まあ、サマーコテージに限って言えば、究極的にはサウナと湖でのスイミングが最高の遊びだけどね」と笑いながらペンティさんは語ります。

【図表 18　サマーコテージ。当たり前のような小さなぜいたく】

自由にのびのび遊ぶ

遊び方は日本と似ているところも

遊びについて聞いてみましょう。フィンランドの子どもたちは、自由でのびのびとした遊びで育っていきます。いろいろな家庭の様子を聞いてみると、フィンランドならではという特別な遊びはないようで、自然と思いっきり親しみながら遊ぶこともあれば、ゲームに夢中になっているときもあるようです。引き続きペンティ＆アンナさんに聞いてみましょう。

「自分たちの子どもや孫は、小さいときにはリビングでままごと、お医者さんごっこ、先生のまねごとなどをしたり、積木で遊んだりしていたよ。子どもたちは遊ぶのが大好きなので、その度に親は子ども役、患者さん役、生徒役をすることになるけれど…。皆よく遊んだのは、アフリカン・スター（アフリカを舞台にした双六）、モノポリー、シャッキ（チェス）と、どれもフィンランドで人気のボードゲームかな」とペンティさん。日本で双六や将棋をするのにもよく似ているようです。

「子どもたちが小さいときはレゴで遊ぶことが多かったわ。簡単なものから、段々と難しいものまで。クリスマスごとに、サンタクロースが新しいレゴのパッケージを持ってきてくれるから、子どもたちは夢中になって夜遅くまでつくっていたわ」と語るのはマリアさんです。

外遊び、読書、コンピュータ、積木と幅広く

外遊びでは、「友達とはホッケーやサッカーをやって楽しんでいるわ。外や公園で友だちと一緒に過ごしていることも多いみたい。リラックスしたり、家族でスイミングに行くこともあるわね」とマリアさん。

それに、「本もたくさん読んであげたわ。寝る前には毎晩。でも、コンピュータゲームも結構夢中でやっていたわよ」とのことですが、いつも自然の中で活動的な遊びをしているわけではなく、コンピュータゲームもやっていると聞くと、ホッとするやら複雑な気持ちになるやらの日本のおうちの方も多いかもしれません。

しかし、子どもたちと関わったり、遊びを見守る時間を、フィンランドではたっぷりとっているようです。

マルユットさん（35歳）は、ヴェサさん（37歳）と住み、アイノさん、イイトゥさんを育てています。「うちの子どもたちが一番よく遊ぶのは幼稚園ごっこや学校ごっこね」と語ってくれたマルユットさん。続けて、「ままごとやおもちゃの自動車を使っての遊び、ペット屋さんごっこもするわ」と言います。

「家では、木製の電車の線路に、段ボールなどを使って自分でつくったおもちゃやレゴ、バービー人形で遊んだり、ままごとなんかをしているわね。時にはスマートフォンやiPadでゲームをしているけれど、読書するのも大好きだわ」と言います。

【図表 19　園や学校が終わっても、もうひとしきり
「今を楽しむ」子どもたち】

スマートフォンも仲間入り

一方、すでにスマートフォンが遊び相手になっている家庭もあります。「うちの息子は、スマートフォンでゲームをやっているのがほとんどね。コンピュータゲームを友だちと一緒か、1人でやっているわ。かくれんぼなんかもしているわ。レゴも大好きで、いろんなレゴのセットを使っているの。いくつか大きなセットを使うのが好きだけれど、友だちと組み合わせて遊んでいるわ。説明書を読んで、そのとおりにつくっていることも実は大事だと思っているの。小さな人形やロボット、ドラゴン、バイク、クルマのピースも気に入っているみたい」とトゥーリッキさん。息子オラヴィくんの遊びについてのコメントです。

「友だちと一緒のときは、おもちゃの銃でシューティングゲームを楽しんでいるの。ロールプレイングで、強い弾が出るモデルのものよ。コンピュータで遊ぶとき以外は友だちと一緒のことがほとんどね。友だちと一緒に遊ぶことで、ゲームもいろいろと発展的になって、何時間も遊んでいるわ。最近は、宝探しのボードゲーム、ドミノ、戦略ゲーム等で遊んでいるの。私自身の時間も欲しいし、子どもにはスマートフォンを触る時間も決めているわ。うちの子は、先週はボードゲームのルールをいろいろと変更してみて楽しんでいたわ。とても刺激的なことだと思う」とトゥーリッキさん。

もっと外で遊んで欲しい

コンピュータ容認のママさんたちも、実は本音は外で元気に遊んで欲しいようで、「週末はスマートフォンなどでゲームばかりしてるときもあるから、できるだけ外に出すようにしているわ」とトゥーリッキさん。「少なくともしばらくは外で遊びなさいって。すると戦いごっこしたり走り回ったり、時にはただ散歩のようなケースもあるけれども、楽しそうに過ごしているわね。友だちの家族と過ごすこともあるわ。できるだけいろんな公園や森に出かけて行って、坂をすべって遊んだり、ソーセージを焼いたりしているの」と語っています。

「子どもたちは、レゴ、バービーなどの人形、サッカー、サイクリング、本などで楽しんでいるわ」とカーリナさん。「コンピュータはあまり使わないわね。友だちとは、スキーやスケートなど、雪の中で遊ぶことが多いわね」と、活動的な様子を話してくれます。

ジェリーさんのおうちではどうでしょう。「うちの男の子（7歳）は、レゴとか、数学的な遊びのできるものが好きかな。5歳と2歳の女の子は、バービー人形とか、ままごととかで遊んでいます。クッキングとか、子守りとかがお気に入り。ボードゲームも好きだし、ニンテンドーでも遊んでいるみたい」。

マルヤ・アニッタ・ミエッティネンさん（47歳）にも、5歳の息子フィリップ君について尋ねました。「おもちゃといえば、よく遊んでいるのはプラスチック製のレゴやディノス、オクトノースやクルマかな」とマルヤさん。「ちょっと遊ぶには、ちょうどいいおもちゃよ」と言います。「でも、フィリップが好きなのは、例えば、枝とか、自然の中で見つけるようなものね。たいていフィリップは1人で遊ぶのが好きで、絵を描いたり、塗り絵をしたりしているわ」。

自然の中で膨らむ想像力

「冬は雪で遊ぶんだけど、これがイマジネーションいっぱいなの。色のついた氷のキューブをつくったり、つららで遊んだり。夏は湖のそばでずーっと過ごしているわ。木登りも大好きだし、ベストフレンドの女の子とは、自転車に乗って庭や森に出かけているわ」とマルヤさん。

余談ながら、「マルヤ」はフィンランドではよく聞く名前ですが、英語では果物のベリーの意味だそうです。お子さんは5歳のフィリップ君ですが、彼のミドルネームのアールニは昔からの森を意味するそうです。いつもは一緒に住んではいませんが、お父さんのバーン・ミティック（55歳）さんはミュージシャンであり、森林官でもあるとのこと。日本での名づけ方もいろいろありますが、ベリーや森が出てくるあたり、フィンランドらしいですね。

習い事

習い事事情

フィンランドの子育てにおける、習い事事情はどうでしょう。子ども園降園後、子どもたちはおうちの方と一緒にすぐに自宅に帰り、その後夕食を食べて、寝るというのがよくある流れですから、それ以外の活動をする時間はほとんどありません。しかし、子どもたちは、毎日子ども園で、十分刺激的な体験（ドラマ、スポーツ、音楽）をたくさん楽しんでいます。

一方、日本ではどうでしょう。小さいときからスイミング、英語、ピアノ、バレエに知育教室と、1週間休む間もなく習い事をしていると聞くことも珍しくありません。フィンランドでも習い事はありますが、いささか緩やかなようです。

そして、当然ですが、子どもが楽しんでいるかどうかを一番に考えています。「将来役立つ」より、「今楽しめるか」に重点を置いているとも言えるでしょう。

習い事を趣味につなげる

「男の子は、スイミングを週1回。女の子は、今のところ趣味はないかな」とジェリーさん。フィンランドでは、習い事を、人生を豊かにする趣味として捉えているようです。「息子のレコは、週1回のサッカーに、娘のサガは学校のコーラスに週1回通っているわ」と言います。

マリアさんは、「子どもたちは、たくさんスポーツをして楽しんでいたわよ。特にホッケーやサッカーは、1回2時間半くらいを週に3日から多いときだと5日くらいやっていたかしら」と語ります。

「子どもたちには、いろいろなスポーツに触れることを期待していたから、柔道や体操も経験したわ。一番下の子は、5歳からバイオリンも始めたの。1週間に1時間のレッスン。1年間続けて、その後はホッケーに夢中になったけれどね」と、マリアさんは続けます。

アイノさんとイイトゥさんを育てるマルヨットさんのお宅では、スイミングやサッカー、アスレチックなどに行っているようです。

予定ぎっしりからゆとり派まで様々

中にはいくつかバラエティに富む習い事をしている子も。「スイミングは45分間週1回、日曜学級1時間週1回、昨年はアートスクールに1・5時間週1回、スイミングとアートスクールに行く前は、音楽教室45分間週1回行っていました」とトゥーリッキさん。

子どもの興味に合わせ、習い事も変わってきているようです。「うちの子の年齢（8歳）だと、週1～2回の学校外活動で十分だと思う」（トゥーリッキさん）ため、1つ始めるためには、1つを見直しているのでしょう。

マルヤさんの家では「学校以外には、何も習い事をしていないわ。2年前は、1週間に1度サーカスのトレーニングに行っていたけれど、感染症拡大で行けなくなってしまったわね。ダンスもやっていたけど、こちらも今はお休みなの」。

子どもの意思を優先

ハンネレ博士もこう答えます。「趣味で子どもたちが音楽やスポーツを学びたい、やりたいといったら親はそれを考えます。学校がやはり一番重視されますので、それ以外に趣味の中でやりたいということがあればすすめます。スポーツではアイスホッケーが盛んですし、サッカーやソフトボールも人気があります。いずれにせよ、子どもの意思が常に優先されます」。

宿題も自立の手段

「フィンランドでは宿題もない！」との誤解があるようですが、ちゃんとあります。授業日数や時間にも限りがあり、学習する姿勢も自分のものになることが必要なので、家庭である程度勉強できるよう宿題が出されます。

私が見せてもらったのは、ワークブックのようなものに書き込むタイプのものでした。では、親は、子どもの宿題にどのように関わっているでしょう。

「子どもは、基本的に自分で宿題をやっているわ。小さいときは、どんな宿題が出ているかを見るために一緒にいてあげたし、がんばって宿題するためには、大人がいたほうがいいときもあるし、ね」とマリアさん。

集中できる環境を

確かに、大人がいたほうがいいときがあります。特に勉強を教えてあげる必要があるわけではありませんが、子どもはおうちの方がいることで、他のことに気移りすることが少なくなり、自然と集中する習慣がついてきます。おうちの方の存在の大切さは、勉強がわかるようになることよりも、勉強への姿勢が身に着くようになることです。つまり、ちゃんとした机と椅子に、必要な筆記用具や参考書などを準備し、適切な時間ちゃんと座って勉強に取り組むことです。

これは、前に紹介した、知識が身に着くこと以上に、「学びに向かい続ける力」を育む点でも非常に重要です。忍耐力、集中力、整理整頓力に始まり、間違ってもあらためて挑戦する力、そしてできたときの達成感等、宿題という学校以外の取組みをすることで培われるものがあります。

そう考えると、子どもの宿題にはいつまでも付き合う必要はなく、ゴールは「学びに向かい続ける力」が年相応についたかどうかで判断すればよさそうです。「試験の前にはちゃんと準備して、宿題も済ませているかは確認していたけれど、もう今では子どもたちも勉強の仕方がわかったようだし、手伝ってあげる必要もなさそうね」とマリアさんも語っています。

気負わず、そばにいてあげるだけで十分

反対に、子どもの宿題に付き合わないといけないとの思いが先に出過ぎて、そばにいる以上におうちの方が他事をしてしまうと、逆効果になることがあるでしょう。子どもの気が散ってしまいます。「自分は一生懸命やっているのに、何だよスマートフォンばっかり見て！」と子どもが思ったが最後、集中力は途切れ、忍耐力は低下し、達成感も味わうことができず、ただ単に作業的に宿題をこなしただけになってしまうでしょう。

「いつもそばにいるようにしているわ。子どもが宿題をしているときは」とサリさんは言います。

「親として、子どもが宿題で教えて欲しいことがあるときには、いつでも聞いてあげられるようにしているの。といっても、いつも注意深く見ているというよりも、そばにいてあげることが大切ね。子どもは大きくなれば、そんなに手伝いも必要なくなるから」。

「フィンランドでは、7歳から宿題があります。最初のうちはほんの少しで、だんだん難しく、量も増えてくるわ。子どもたちを信頼して、過干渉はしないようにしているけれど、時にはちゃんと時間どおりに始めて時間内に終わるよう話をしているわ」とサリさん。

カーリナさんも同様です。「宿題中は、一緒に見ていてあげているわ。子どもが父親と一緒にいるときに、私は自分の時間を取るようにしているの」。

子どもの宿題中、洗濯ものの片づけやクッキングなどいろいろやることがあるでしょうから、家事は宿題と同じタイミングにし、自分の趣味や遊びはできれば少しでもずらせるといいですね。

●コラム【数値による評価ゼロを目指して】

成績評価と言えば、3段階や5段階など、数値を使った達成度や順位で示す方法に馴染みがありますが、フィンランドでは、文章表現による成績評価に、よりシフトしてきています。

成績評価のあり方は、教育界では定番のトピックです。卒業後の社会では、組織的な動きの中で、順番をつけたり、自分の得意不得意を数値化してみることも必要でしょう。しかし、個々を大切にする教育、特に幼児教育や初等教育では、それぞれの子が自分の長所を見出しつつ、弱点を補強するために、丁寧な文章のほうが、長期的にも子どもにとってよりサポート的との意見があります。

家庭&先生のチームワーク

子育てを通じて培われる先生と保護者とのパートナーシップは、とても重要です。同じ子どもを育てていくパートナーなのですから、敵同士ではありません。友好的にこのパートナーシップを強化しながら子どもを育てていくべきです。

フィンランドでは、個々の子どもたちに対して、個別のカリキュラムを組んでいます。それは、1人の子どもに対し、先生と保護者が一緒に考えて、どのような学びをしていくかを決めるカリキュラム策定という共同作業を通じて行われます。

丁寧な個別面談で目標設定

子ども園では、新学期が始まると両親と個別に面談をします。父親と母親に一緒に出ていただくため、夕方に行っています。両親が子どもを一番よく理解している存在ですが、両親も、保育教育のエキスパートである先生と一緒にお話ができることを大変嬉しく思っているようです。

個別面談を通じて立てた目標を紙に書き、お互いに確認し合います。これは学期ごとに行ないます。そして、学期末に再度保護者と面談をし、子どもの様子について意見交換しながら次学期の目標設定のため、調整をしていきます。

個別の面談前にはお互いに準備が必要です。教員は集団の中での子どもたちの様子をしっかり観察すること、保護者は家ではどのように過ごしているのか、どのようなことに興味があるのか、どんな遊びをしているのか、友だちは誰かといったことに注意を払って観察します。

家で話に出てくる子ども園の話題も重要です。場合によっては、保護者と教員に合わせ、子どもも参加する三者懇談を行ないます。

学びに前向きになる

６歳の女の子の例ですが、両親と先生とその子とで三者懇談を行い、何を学びたいかを問いかけたところ、英語、筆記体（ハンドライティング）、スポーツなど、様々な思いが出てきました。それを書き並べていきながら、彼女の思いを皆がシェアします。何からどう取り組むのかの順番や年齢的なバランスを考えながら、具体的な目標を決め、学期末に確認します。子どもが目標設定するときの懇談に参加することで、半年後、実際紙に書いた内容を見ながら、目標に近づいているのかを話し合えます。

さらに、自ら学ぶことに参加する意思がしっかりと表れます。経過とともに行う懇談で、学んだことを振り返って話もできます。大人との話合いの中で、子どもはしっかりと自尊心も根づきます。

ハンネレ博士はこう語ります。「教師も、とてもしっかりとそのグループをリードしていきます。大人は、子どもたちによいお手本を見せるとことを意識しています。また、教員も、こういったことをしてほしい、要望は何か、期待は何かということを明確にイメージしながら子どもたちと接しています。

子どもと接する大人たちが、しっかりと子どもたちを見ながら、何に興味があるのかを確認していく中で、その先生は観察をしっかりされて、把握されていたのではないでしょうか。興味があることには、やはりしっかり集中して耳を傾けるものです」。

自尊心を育てる教育

自尊心はとても重要なもので、「学びに向かい続ける力」にも大いに関わります。義務教育である小学校に就学する前に、幼児保育教育で自尊心をしっかりと育てるのがフィンランドで重要視されています。

小さな集団から一斉授業のような大きい集団へ進む前に、しっかりと自尊心を持って欲しいからです。

ハンネレ博士に解説してもらいましょう。「私たちは、小学校に上がる前に遊びを通して学んでいくという、遊びのポジティブな面もしっかりと子どもたちに体験して欲しいと思っています。遊びながら学ぶことがとても重要ですが、子どもたちにとっては楽しいに尽きることです」。

自分たちで学ぶ喜びと誇りを持つ

「学びはいろいろな人たちとの関わりの中で、与えられた環境の中から実際に体験していくものであり、先生から一方的に知識を伝えるものではありません。子どもは、自分自身の活動で知識を少しずつ増やしていきます。自分が感じたこと、経験をしたことなどが積み上がって古い知識の上にさらに新しい知識が増えていくのです。そしてそれが、自尊心へとつながります」。

「また、グループ活動を通じて、考えながら知識を得ることもとても大切です。グループの中のメンバーと関わっていく中で学ぶので、先生から学ぶだけでなく、他の子たちから学ぶこともたくさんあります。子どもたちだと、よいこともよくないことも影響し合います。しかし、それでもなお子どもを中心とした教育の場は重要。仲間と共に自立的に活動し、自尊心を高めるのです」。

大切にしているしつけやマナーは

フィンランド人は、礼儀を大切にしています。自分を大切にしながらも、他人も大切にし、敬意を払うことを習慣化しているお国柄だからでしょうか。街中で失礼なことを言われていやな思いをしたり、ひどい事件のニュースを見たりということは、私自身経験がなく、ありがたく思っています。

人との関わりの基本は家庭で教える

家庭では、人との関わりの基本を教えているようです。学校で覚えることもあるでしょうが、やはり親として最低限のことをしつけておきたいという思いもあるのでしょう。

「家でも外でも、お行儀よくしなさいって伝えているわ。例えば、挨拶、他人に敬意を持つこと、他の人のじゃまにならないよう注意を払うことなどね」とマルユットさん。

マリアさんはこう答えます。「一般的なマナーとして、挨拶すること、食事の席で感謝の言葉を言うこと、何か悪いことをしたら謝ることなんかがあるわね。家族は、お互いに尊重し合い、話を聞くことが大切。子どもは家で王様であるべきではないけれど、何をどうしたいのか聞くことは大事だから」。

最低限のマナー&気を張り過ぎない

一方、「マナーに気をつけてばかりで、しんどい思いをしてしまってはいけない」とマリアさんは述べます。「家では、家族はそれぞれが自分自身のありのままでいることが許されないとね。子どもは、完ぺきなスーパーキッドである必要はないし、それは大人も同じことね」。マナーとリラックスのバランスが大切なようです。

具体的なアドバイスはマルユットさんから。「ダイニングテーブルには、スマートフォンとかの電子機器を置かないようにしているわ。食事中のように、何かを一緒にしている時間を大切にしているけれど、そういうときの会話は学ぶことが多いようね。食事への感謝も大切ね」。

トゥーリッキさんも細かく教えてくれました。「誰にでも丁寧に接すること。見た目で判断しないこと。何か必要なものがあるときはちゃんと言葉に出して言うこと。物を投げないこと。（狭いアパートなので）通路にモノを置かないこと。自分のものは人に探させないこと（私はあなたのものの片づけはしませんと伝えています）。洗濯ものは洗濯カゴに入れることなどかな」。

他にも、「何かしてもらったときは、ありがとうと言うこと。ダイニングテーブルにスマートフォンを置かないこと。ソファやベッドでものを食べないこと。リビングルームにあるものは夜までに片づけていなかったら没収…」。

やはり挨拶が一番

まだまだ次から次へ出てきそうです。「ま、いろいろあるけれど、わが家のルールは、大まかに言うと、ものごとを整然とした状態にしておくこと。狭い場所にたくさんのものがあるところで生活しているからだけれどね。他には家具をきれいにしておくこと」とトゥーリッキさん。加えて、「でも、一番大切なのは、周りの人に丁重で敬意を持つようにすることね」。

ジェリーさんはどうでしょう。「ありがとうと言うこと。挨拶をすることを大切にさせているけれど、うちの子たちは上手に言うことができているわ」。

「ルールを守るし、友だちといるときには、その友だちのおうちの方が言うこともちゃんと聞い

【図表 20　マナーと笑顔あふれる家庭が、すてきな大人に育てます】

ている」というように、対人関係を大切にしているようです。

振舞いを美しく

カーリナさんも、他者との関わりで話します。「子どもたちには、よいマナーを身につけて欲しい。周りの人々には美しい振舞いであって欲しいし、迷惑な言動をして欲しくない。周りの人々は、リスペクトされるべき存在なのだから」。

マルヤさんにも聞いてみます。「挨拶をすることや、さようならと礼儀正しく言えることを大切にしているわ。バスに乗ると運転手さんにちゃんと言えるよう相手してもらっているから感謝ね」。

友達と良好な関係を築くためのベース

他にも、大人になるためのステップをいろいろと取り入れているようです。

「食卓で正しい姿勢で座ったり、食事中は不要なものに触れないとか（午後は食卓に本や雑誌が置いてあることがあるから）。私が電話をしているときに、うちの子はじゃまになるような大きな声を出すから、声を出さないように注意したり」とマルヤさん。

さらに、「自分のおもちゃを片づけたり、お皿を流しに持っていったりもするわ。それに友だちとよい関係でいることや、おもちゃをシェアすること、自分の順番を待つことなどは、練習していくことね」と語っています。

子どもにどうやって注意する？

子どもへの注意の仕方、難しいですね。ついつい言い過ぎたり、ついつい言いそびれたり。でも、フィンランドのおうちの方も、苦労しているようです。コメントを紹介しましょう。

「私たちが大切にしているのは、自分たち自身が仲よくし、大人としてブレない態度をとること。お互いに約束事をしたら、大人だから守るようにしているわ」とマルユットさん。

「大切なのは、否定したり命令したりするだけではなく、子どもに対して話していることを、ちゃんと正しいことであると伝えること」と言います。片手間でなく、時間をとって、しっかりと話をしているようです。

まずはしっかりコミュニケーション

ジェリーさんのお宅はどうでしょう。「子どもたちとちゃんと話し合うことにしているわ。どうしてそんなことをしたのか？　その行為は、他の人が見たらどう思われるかも話すことにしているの。例えば、もし、誰かがちゃんとした関わりをもってもらえなかったらどんな気持ちになるかも話すし、もし悪いことをしたら、いいことがどのように消えてなくなってしまうかも伝える」と言います。

最後の、「悪いことをしたらよいことが消えてなくなる」というのは、説得力がありそうですね。

続いてカーリナさん。「いろんなことすべて話をするのがとても大切だと思うわ。親は親らしく振る舞うことが大切だし、子どもたちも、大人がどんなことを期待しているかを知る必要があると思うの。そのためには…」と。

カーリナさんは続けます。「愛情や、あなたのことを気にかけているってことを、しっかりと態度で示すことが必要ね。子どもたちが、たとえいけないことをしてしまったときでも、親にとってかけがえのない存在であることを知らせることが大事なの」。

マルヤさんはこう言います。「悪いことしたとしても、それが大事《おおごと》かそうでないかで対処も違うと思うけれど、些細なことならば、何かおかしいことに気づいていなかった？　とか、別のやり方はなかった？　とかを聞くわ」。

最後は「大好きよ」

「もし、大きな失敗だったら、『何か自分で気づくことない？』って聞くところから始めるかしら。子どもは時々がんこになって『知らない』って言い張るから。その後は、相手が今、どんな気持ちでいるか考えさせるの。さらに、よりよい関係になるためには、どうすればいいかも考えさせるわ。うまくいくようにするためには、大人がポジティブになって、時には「大好きよ」って言ってあげることが大切。でも、そこまで（時間的、気持ち的に）余裕のないときは、とにかくやめさせて、後で落ち着いたときに話をするわね。そして、夜寝る前、もう1度この難しい問題をおさらいして、ハグして、おやすみのキスをするの」とマルヤさんは教えてくれます。

●コラム【オーロラとWiFi】

【大自然と人類の英知】

フィンランドの子どもたちは、自然を大いに楽しみながら生活していますが、最先端のハイテクのよさも体感できる環境に住んでいます。

前述しましたが、私が体験した中で最も印象的だったのは、色鮮やかなオーロラが、ダイナミックに揺れ動いていたとき。素晴らしい自然との出会いに、私はただ感動で声を出すこともできず、オーロラの動きに見惚れていました。

「あっそうだ。写真撮らなきゃ！」そう思ってスマートフォンを取り出すと、何と電波はフル受信できています。深い森の中で電波がほとんど通じないのではと心配していたのですが、それは完全にクリアされていたということです。大自然と人類の英知の結びつきに、これもまたため息が出るのでした。

フィンランドでは、このように大自然と親しみつつも、ネットやICTを大いに活用しています。

自然と先端科学とは正反対のように思えるかも知れませんが、よりよい結びつきの方法を提案してくれるフィンランドに、今回も脱帽でした。

ICT先進国でのスマホとの付合い方

小学生でスマホデビュー

そもそも、ICT先進国のフィンランドでは、スマホは何歳から所持しているのでしょうか？　実は、小学校に入るときには持っている子が多いようです。取材先の各家庭でも、「小学生になるときには、スマートフォンを買おうと思う」（カーリナさん）との声が多く聞かれました。

「子どもが小さいときは、夜はスマートフォンはキッチンテーブルに置いておくことにしていた」とマリアさん。ジェリーさんは、「7歳の息子はもうスマートフォンを持っているよ」と言います。「小学校に上がる前に、スマートフォンの正しい使い方について知ってほしくて、クリスマスプレゼントにしたの。スマートフォンは１００ユーロ（約1万3，０００円。２０２1年取材当時）くらいだけれど、下の子には小学生になるタイミングで買うことにしている」と言います。

マルヨットさんのお宅では、上のお姉さんが7歳になったときにはスマートフォンを買ってあげたそうです。使い方は、友だちにメッセージを送ったり、ちょっとゲームしたり、子ども向けの動画サイトを見たりで、動画サイトも週に2時間までと決めているとのこと。下の男の子はまだ６歳でスマートフォンなし。でも、学校に通い始める7歳になったら、同様に買ってあげるそうです。

小さいときから賢い使い方に馴染む

マルヤさんは、子どもの前での大人のスマートフォンの使い方についてこう語ります。

「息子のフィリップは、携帯電話を持っていないから、私たちが使っているのを見ると不機嫌になることがあるの。だから、私たち大人が使うときは、子どもとは適切な距離感をとるようにしている。携帯電話を使っている間ずっと子どもを遠くに追いやるようなことはしないし、目の前でいつまでも使うようなことはしない。要するに、賢く使わないといけないと思うの」。

料金の支払についてマリアさんは、「親として、スマートフォンにかかるお金は払っていたわ」と言います。

「ゲームとの付合い方も、子どもたちは年相応に使っていいことにしていたの。子どもたちのお小遣いは限られているし…。それに、映画に行きたいときとか、子どもが必要なお金は出してあげているわ」。

スマートフォンの魅力に負けない

賢く使うということですが、ついつい子どもは長時間使ってしまうことも。「スマートフォンを見る時間を超えるのは、よくあることよ」とトゥーリッキさんは語ります。

「もしそれが気になるなら、屋外で、スマートフォン以上に楽しめることがあることを教えてあげないといけないわ。それに、できるだけスマートフォンを見始める時刻を遅くして、子どもが寝る時刻になったらやめるようにするとか。何か用事があるときは、事前に言うようにもしているの。例えば、『きょうは図書館に行く予定じゃなかった？』という具合にね。もし、スマートフォンを見ている時間が予定を超えてしまったら、あくる日は減らすとか。ただ、私は、できるだけ罰は与えないようにしているの。もし、子どもが何か間違ったことをしたとしても、私が事前にちゃんと伝えてなかったならば、それは私のミスだし。せいぜい、同じことが起こらないように説明だけするようにしているわ」とトゥーリッキさん。リアルなご苦労を聞かせてくれました。

ネットとのよりよい付合い方

スマートフォンも持っているフィンランドの子どもたち。もう少し掘り下げて聞いてみることにしましょう。「今のところ、そんなにインターネットを使っている様子はないし、使い方に満足しているので、ガイドラインはつくっていないの」とマルヨットさんは、特に心配なさそうです。

トゥーリッキさんはどうでしょう。「小学校に入ったときに買ったスマートフォンには家族との交信用に必要なものだけアプリをインストールしてあるの。その他で入れたいものがあっても、私のＯＫがないとダメ」と、ルールをしっかりと決めてあります。「おまけに、子どもが何をしているかはちゃんと確認できるように約束してあるの」。

約束と確認

「基本的に、1日でスマートフォンを使っていいのは2時間まで。でも、実は延長も認めているの。それは、友だちとゲームをやっていて終わらないときなんかで、無理にやめさせると私に不満を言うから。スマートフォンの時間は、学校のある日は下校後、週末は朝食後で、夜の8時以降は禁止。見ていいのは、16歳以下視聴可能なものであれば、何を見てもよいようにしていて、通話は別料金。支払いはすべて私がチェックしているわ。15ユーロ以下になるようにね。お小遣いを持っているときでも、ゲームに使っていいのは20ユーロまで」とトゥーリッキさん。

「ネットでどうすべきかの判断は、すべて私がすることにしている」と強い姿勢のトゥーリッキさん。やはり、最近のネット社会は心配なのでしょう。

「うちの子は、1人でYouTubeを見ているときがあるけれど、いつでも何を見ているかを確認できるようにしている。残酷さや不適切さがあるプログラムを見ていたら、やめるように言うし、そうでなければ電源を切ることにしているの。最近は、実はうちの子も見ているものを隠すようになってきているけれど、悪い夢にうなされたり不安な気持ちにならないようであれば、そんなにやかましく言うことはやめているけれどね。うちの子は結構怖がりなので、その点では心配しないんだけれど、ビデオとかでの怖いシーンには少し慣れてきているみたい」。

時代が変われば約束も柔軟に

「動画サイトを見るのは、自分のスマートフォンか、友だちの家のコンピュータみたい。ネットのゲームでは、子どもがプレイする前に必ず年齢制限と遊び方を確認するようにしているわ。実際、いくつかのゲームは禁止していたのだけれど、友だちも皆やっているようで、このままだとうちの子だけ仲間に入れてもらえなさそうだったので、やっていいようにしたわ」とトゥーリッキさんは言います。

「うちの子たちは、まだネットゲームはやっていないな」とジェリーさん。「7歳の息子は、時々ニンテンドーのスーパーマリオをやっているし、時々大人と一緒にYouTubeを見ているよ。でも、うちでは、少なくとも10歳まではネットゲームはやらないようにしたいな」とジェリーさんは言います。やはりネット特有のリスクが気になるようです。

また、「適切な時間にテレビを切るようにしていますよ。例えば、『あと10分で切るよ』とか、『その番組が終わったら切るね』とかね。もし切らなかったら、親が代わりに切っちゃいます」とジェリーさん。

親がしっかりアドバイス

「いつ、どれくらいの長さコンピュータゲームをやっていいのかのルールを子どもと決めておくことが必要ね」とカーリナさん。「ここは、親がしっかりと、適切なアドバイスをするところ。子どもにとって、適切だと思われる時間を決めるから、それを守ってほしい」という。
「テレビは、1時間見たら、普段は消してしまうわね」とマルヤさん。ただ、フィンランド特有の事情もあるようで、「雪がふぶいているときは、普段よりもTVがついていることが多いし、何日もそれが続くことはあるけれど、夜であればそんなに目くじらを立てるようなことはしないわ。やっぱり、こういうことには柔軟さが大切。フィンランドじゃ、冬が半年続いているようなもんだから、雪がふぶいていたら、家の中でTVでも見て、雪がやむのを待っているしかないしね」とマルヤさんは言います。

●コラム【プログラミングも構えずに】

首都ヘルシンキでも最大級の書店「アカデミア書店」は、巨匠アルヴァ・アアルトのデザインに触れることができる有名書店です。読書好きのフィンランド人にとってはなくてはならない場所であり、日本の映画「かもめ食堂」のワンシーンにも出てくるスタイリッシュなカフェが2階で営業しています。この、いわばフィンランドの顔ともいえる書店で、興味深い書棚を見つけました。

【広く整然とした書店で見たもの】

広くとられた幼児用の本棚の隣に、縦5〜6段、幅2mほどの棚があって、上部はほぼ現地コミックキャラクターの本で占められていました。一番下の段には子どもの自由学習用の本が並んでいました。日本でいえば、大手出版社の図鑑シリーズのようなコーナーです。びっくりしたのは、その一部をコンピュータのコーディング（プログラミング）の学習のための本が占めていたことです。

小学生でもコンピュータ・プログラミングをする子がいること、そしてそれを、コンピュータコーナーに並べるのではなく、子どものコーナーに並べていることなどが、日本との大きな違いですね。

実は、小学校に入る前のプレスクールの現場でも、プログラミングではありませんが、コンピュータは活用されています。見学したプレスクールでは、大きな電子黒板に表計算ソフトのシートが映し出されていました。10人ほどの子どもたちを相手にした授業では、先生に指名された子どもが前に出てきて電子黒板にタッチしています。

表は横数列、縦10行以上のもので、一番上に項目として「ペン」「CD」「スマートフォン」等と書かれています。前に出てきた子どもが、自分の持っているものの項目をタッチすると、その枠は自動的に色が変わりました。何人もの子どもがタッチし終わったときには、立派なグラフができていました。コンピュータやICT機器をうまく使い、先生は子どもたちを見事に統計の授業のスタート地点に立たせたのです。

【子どもでも興味を持てばやらせてみる】

日本でも、小学校にコンピュータが導入され、プログラミングもいよいよ本格化してきましたが、どのように進んでいくのでしょう？　子どもらしい遊びと探求心、そして将来の実用をイメージできるような授業やワークショップになることを期待しています。

家庭でも、スマートフォンばかりを触っているのはどうかと思いますが、活用できるところは子どもでも活用する時代になってくるでしょう。例えば、明日の天気を調べてみる、育てている植物の成長を写真で記録してみるなど、学びにつながるＩＣＴ機器活用が始まりそうです。

プレゼントは何が欲しいか聞いてから

プレゼントのスタンス

「子どもが小さいときのプレゼントは、おもちゃなどをサプライズ的に渡していたけれど、大きくなるにつれて変わったわね」とマリアさん。「何が欲しいかはっきりと聞いたりしながら、より実用的なものをプレゼントするようになっていったわ」と言います。

お誕生日やお祝い事のプレゼント。日本では、子どもが喜びそうなものが何か考えながらおうちの方はあれこれと悩み、選び、当日までどこにあるのかもわからないよう隠しておいて、その日の朝やベストなタイミングになったら「おめでとう！」と渡す、といったところが定番パターンでしょうか？

フィンランドでは、より実用的なプレゼントをしているようです。今回答えたどの家庭も、基本は「子どもが欲しいもの、必要なものをあげる」というスタンスです。

プレゼントに意味を持たせる

「おもちゃは、普段あまり買わないようにしているから、クリスマスや誕生日には、子どもの欲しがるおもちゃを買ってあげるようにしてきたわ」とマルユットさん。

カーリナさんは、「子どもが必要なものをあげることが大切。自転車や本などかな。私は、子どもにサッカーボールをプレゼントしたことがあるけれど、それは、うちの子が欲しがっていたから。おかげで今でもサッカーを楽しんでいるわ」と。

「おもちゃを買う場合でも、ちゃんとそのおもちゃを買う意味があって、子どもたちも使いそうかどうかはよく考えるわ」と答えるのはマルユットさん。「うちの子は、今年の誕生日にスマートフォンを買ってあげたし、息子には警察官ごっこをするときの衣装と、レゴを買ったわ」と言います。

子どもへの観察と対話で決める

「できるだけ子どもが好きなもので、それを使って長く楽しめて、できればクリエイティブなものを選ぶようにしているわ」とトゥーリッキさん。

「例えば息子のオラヴィの最近の誕生日にはロボット犬をプレゼントしたわ。アレルギーで動物が飼えないので、クリスマスから欲しがっていたんだけれど、もう準備してしまっていたから。その前のクリスマスには、ニンジャゴのレゴブロックで、もう2セットになるかしらね。組み立てるタイプのおもちゃが子どもも好きで、私もそれをサポートしているの。クリスマスには、他にもボードゲームや本をプレゼントしているわ。これから大きくなってきたら、もっと望みを聞いてあげてからプレゼントを用意してあげないといけないと思っているの」と言います。子どもへの観察と、子どもとの対話でプレゼントを決めていく、とも言えるでしょう。

「子どもが欲しがるのは、たいていはおもちゃだけれど、子どもへのプレゼントは、子どもが興味を持っているか、欲しがっているかどうかが大切」とジェリーさん。「そのために、最終的な判断は子どもがするようにしている」とのことで、子どもも自分が何が欲しいかしっかりと考えを持つことが期待されています。もう、大人と同じですね。

実用性あるものもあえてプレゼントとして

ジェリーさん、具体的には、いつ、どんなものをプレゼントしているのでしょう?

「誕生日以外には、クリスマスやその他で年間3回はプレゼントするようにしているかな。新しいえんぴつや、絵描き用の紙、手工芸品なんかが多いね」。実用的なもので、子どもが使っている様子もわかりますね。

マルヤさんは、自分の友だちにも相談すると言います。「時には子どもの友だちの親に、特別なおもちゃを頼むことがあるし、その親さんたちも、うちの子に何をプレゼントすればいいか聞いてくることがあるの。合理的・実利的フィンランドでは、プレゼントに何がいいか、事前に聞くことが礼儀にかなっていると考えられていて、むしろいらないものを買ってプレゼントすることはないわ」とマルヤさん。

最近の誕生日では、流行りのおもちゃとレゴをプレゼントしたそうです。おもちゃでも、こうしてちゃんと考えてプレゼントすることで、子どももすぐに飽きたりすることなく、また流行りにすぐに飛びつくことなく、大事に使ってくれそうです。

中古品も積極活用

さらにマルヤさんは、「中古品販売店もよく利用しておもちゃを買うわ」と言います。「古いおもちゃを寄付するショップを赤十字が運営していて、とても人気があるの。中古といっても、クオリティはとても高いし。１か月に２～４回は見に行くわね。よく行くでしょ。塗り絵の本やえんぴつは毎月のように買いに行っているわ。粘土もよく買うし」。

新品もいいですが、中古品や、売れ残ったものを安価で販売している店でも、状態がよくて子どもが使いそうなものであればゼンゼン問題なし！　と考えるのが、フィンランド・スタイルのようです。

おもちゃについてのアドバイスを、ハンネレ博士にもお願いしましょう。

「おうちの方は、まずはしっかりと自分の考えを持つことです。企業の熱心なビジネス活動の中で販売される幅広い選択肢の中から選ぶのですから。子どもたちは友だちと一緒に遊ぶための、同じようなものがほしいと言うでしょう。しかし、本当は、子どもの個性に合わせ、そういったおもちゃやゲームよりもよいおもちゃや本にめぐり合うことのほうが大切でしょうね」。

父親の役割は？

家庭内での意識改革

父親の子育て参加が日本と様子が異なるとされるフィンランド。日本でも子育てに関わる男性が増えてきていますし、育休などの制度も充実してきているので、前のような極端な違いは、平均的には縮まっているかも知れません。私の周りでもそうです。

知合いの30代の既婚男性が、ランチ後に職場の流しでお弁当箱を洗っていました。「へー、洗って持って帰るんだ」と言いましたら、「はい、家でもそうですよ。奥さんが料理をつくるので、基本的に僕は洗うほうですけど」と、当然のように答えが返ってきました。

しかし、「もうちょっとシェアしてくれると嬉しいんだけど」と思っている女性は多いことでしょう。

世界的なジェンダー格差統計で下位の日本では、制度や社会での役割等での遅れもありますが、家庭内ではやはり意識改革が必要のようです。

【図表 21　家族皆でベリー摘み。休日のファミリーイベントです】

同じ親としてやるべきことはやる

「フィンランドの社会では、男性と女性はイコールなの」とマリアさん。続いてのセリフが納得です。「親として、家事も両方が同じようにするわ。私の夫は、食事の買い物から準備、最後のかたづけまでやってくれるし、他のことも時間があるほうがやるスタイルね。もちろん、どちらかのほうがよりよくできることもあるわ。例えば、私はタイヤ交換はできないとか。で、それは、夫がやってくれるというのはあるわね。子どもたちも、父親が家事に関わっているのを見て育っているので、私たちがいろいろと話し合ったり、思いやる気持ちをお互いに持っていることはわかっているようよ」。

カーリナさんのコメントも納得感があります。「父親の役割は、母親と全く一緒よ。大人として、子どもをケアする立場は私と変わらないわ」。根本に平等感がありますね。

「父親と別に暮らしているので、子どもたちにとって家は2つあることになるけれど、どちらに行っても、役割は同じなの」とカーリナさん。

平等とは、少なくとも家庭においては、互いに責任を負わなくていいマイナスの主張のためではなく、同じ親としてやるべきことはやる、というものなのでしょう。

子育ては、大変なこともたくさんありますから、いつもしっかりやろうとすると、しんどいときもあるでしょう。だから、そのしんどさがどちらかに偏らないように、バランスを保つためにも家事の平等担当は必要です。

家族全員子育てチームのメンバー

「家族の中で両親は平等というのが土台の考え方」とサリさん。「子どもに関することでは、いろいろなことをオープンにして、シェアしながら生活している」と言います。

「私たち両親は、共に子育てチームのメンバー。子育てについて話し合い、子どもの成長を見届ける」とサリさん。具体的な話を続けます。

「毎日の生活の中で責任ある役割は、私と夫とでシェアしているわ。例えば、夫はタイヤ交換、医者への通院、サウナや暖炉に火をくべるのが役割。私はこどもの学校の課題を見たり、子どもの服など必要なもののショッピングに行ったり、洗濯ものを畳んだりする役ね。クッキングや掃除、子どもの宿題の手伝いは、私たち両方でしているわ」。

子育ての楽しさは、できれば両親ともに味わいたいもの。責任論でなく、同じように楽しむ気持ちが大切ですね。

お手伝いは自立の第一歩

一人前になるタスク

家でのお手伝いについても、日本とフィンランドではおもしろい違いがあるようです。日本では、掃除、洗濯もの、片づけ、お皿運びといろいろありますが、いずれも「家族の一員として仕事を分担する」という意味合いが強いように思います。

しかし、フィンランドの家庭では、お手伝いは「自立への第一歩」という捉え方をしているようです。つまり、一人前になるには、何をすべきか？　から入っていきます。そして、その結論として、「自分のことは自分でやるというのを習慣化していくのがお手伝いである」という考え方です。

「うちの子たちは、まず自分のおもちゃは片づけること。そして、部屋を整理したり、ベッドを整えたりすることにしているわ。週末には掃除機をかけてくれたり、床を掃いてくれたりしているの。お皿洗いや、料理を手伝ってくれることもあるわね」とマルユットさん。

お手伝いは「ホームワーク」

「うちでは、『ホームワーク』って言っているけど、自分の部屋を片づけたり、親とごはんをつくったりしているわ」とカーリナさん。

「子どもが成長するにつれて、より『ホームワーク』に責任を感じてくれれば、と願っているの」と語るのはトゥーリッキさん。

「今は自分の洗濯物をかごに入れたり、おもちゃを片づけたり、ベッドメイキングをしたりするのが子どもの『ホームワーク』。他には、のどが乾いたら自分で水を汲んだり、おなかがすいたらサンドイッチをつくったり、使ったお皿を流しに運んだりといったことね。時には、洗濯ものを乾かしたり、掃除機をかけることも手伝ってくれているわ。パンくずを掃除機で片づけるのも大事な仕事ね。わが家のガイドラインは、『汚した人・散らかした人が、片づける』にしています」と続けてくれました。

自分のことは自分でする

同様に、「自分の遊んだものは片づけるようにしている」とシンプルなルールをお手伝いに取り入れているのはジェリーさん。

「お掃除の日を決めておいて、その日は家族全員参加。例えば、2歳の娘は、タオルと洗剤で床をきれいに拭いてくれるわ。7歳の息子は、自分の部屋を掃除機をかけてきれいにしているし。7歳の息子と5歳の娘は、パンにバターを塗ったり、ダイニングテーブルからキッチンまでお皿をいつも運んでくれるわ。大きくなったら、食器洗い機からお皿を片づけたり、洗濯したり、ごみを片づけたりして欲しいな」という。

パンにバターを塗ったりするお手伝いなんて、すてきですね。少しのことでも役に立っているという実感が子どもに芽生えますし、その後の食卓の話題も弾みそうです。

もちろん、「自立」を目指しながらも、家族としての助合いをお手伝いの根っこに考えている家庭もあります。

マリアさんはこう答えます。「子どもが小さかったときは、宿題もそれなりにあるし、家事は親がやったほうが手早くできるから(子どもに手伝いをさせるのではなく)親がやっていたわ。でも、小さい頃から子どもにお手伝いしてくれることを期待していなかったら、大人になって急にできるものでもないからね」。

「そう思って、子どもたちは、『自分にできることは自分でする』ということから始めたわ。例えば、部屋をきれいにするとか、自分の服は脱いだら脱衣所にもっていくとか、使ったお皿は流しにもっていくとか、犬の散歩をさせるとか」とマリアさん。

続けて「うちは、もう子どもも大きくなって、何でもできるようになっているから、自分で洗濯することも、夕食をつくることだってやっているわよ。家事には誰もが参加することが必要。親だけの仕事ではないはずよ」とマリアさん。「家は（誰かが何でもやってくれる）ホテルではないんだから」と冗談めかして話をしてくれました。

自分の周りと関わりを持つ

マルヤさんのお宅はどうでしょう。「フィリップにまだ家でのお手伝いはさせていないけれど、自分から進んでやってくれていることはあるわ。掃除をしたり、おもちゃを片づけたりね。でも、プレスクールに行くようになったら、もっといろいろ手伝いをして欲しいわ」。

おそらくマルヤさんも、家事をする姿を知らず知らずのうちにフィリップさんに見せているのでしょう。「庭の手入れは、ここ2～3年手伝ってくれているわ。庭に出るのも大好きみたい。1歳のときには、もう『コンポスト』って言葉、知っていたし」とマルヤさん。社会との関わりもあるようで、「ここオウル市の都市部ガーデンコーディネーターの仕事をしているけれど、よくうちの子を連れて行っているの」といいます。

社会との関わりを無償で行うことは、本書のテーマの１つである「学びに向かう力」とも密接に結びついています。努力、継続、仲間との協力等が、お金という結果に引っ張られない中で、自分の心のあり方として持つことができようにする、とてもよい場面になるからです。

といっても、子どもが自分から積極的に参加するのはちょっと大変。となれば、おうちの方が参加するときに一緒についていくのが一番よいでしょう。大人の姿を見て、子どもは姿をまね、やがては心もついていきますから。

【ちょっとアドバイス】

自立と家庭の一員としての社会性を育てる効果のあるお手伝いやボランティア活動ですが、まずは子どもも納得感があるものを１～２つくらい、定期的にできるようにするのがよいでしょう。できれば決まった時刻やタイミングで、ササッとすむもの

例えば、ここでも多くの家庭で実践中である使用後の食器運びなどです。習慣化が大切ですので、ランダムに次から次へとお手伝いを子どもにさせると、リズムが狂い、達成感が得られず、逆効果となります。

そうなれば、お手伝いが嫌いになってしまいますのでお気をつけて。

子育てしている親もルールを

「子どもが小さいときは、わが家には親として守るルールがあった」とマリアさんは語ります。

マリアさん流のファミリールールは、次のようなものです。

①　感謝や恩を教える。
②　言行一致させる。
③　毎日やるべきことはやらせる。
④　けじめをつけさせる。
⑤　正しくしつけをする。
⑥　早めに伝える。
⑦　説明する。
⑧　集中して物事に取り組ませる。
⑨　自律させる。
⑩　責任を与える。
⑪　構えない。

なるほど、どれも納得で、特に説明もいらないような事柄ですが、少し具体例を紹介していきます。

【図表 22　子どもが納得するよう、大人もルールを守って】

① 感謝や恩を教える

「ありがとう」で満足感を。

今目の前のありがたい出来事が、当たり前なものではないことを感じ、感謝する心を育てようというものです。

ごはんのときの「いただきます」「ごちそうさまでした」は、諸説ありますが、子どもに一番なじみがあるのは、「(神様、目上の人、敬意を持つ仲間等から「いただき」ありがとう)」「農家の皆さん、お野菜をありがとう」「おばあちゃん、つくってくれてありがとう」「一緒にお話しながら食べられて楽しい時間をありがとう」という感謝の気持ちの表現です。

自然の恵み、そして「○○ちゃんが遊んでいる間に、農家の皆さんが、お野菜をつくっておいてくれたんだよ。うれしいね」というように、自分ではできないことを、人がやってくれているという感謝ができるようにしたいですね。

② 言行一致させる

「私もがんばるね!」で連帯感を。

子どもは、大人が言ったことを意外と(?)覚えています。「あのときあぁ言ったじゃんか!」とか、「あのときは何も言わなかったのに、何で今だけダメなの?」とか、大人のほうがついうっかりやり過ごしていることも、子ども心に不信に思ってしまうことがあるかも知れません。

「言ったことに責任を持つ」大人に育って欲しいという願いを叶えるためには、大人がそのモデルとなることが必要でしょう。時々、振り返ってみましょう。

③　毎日やるべきことはやらせる

「①、②…」でリズム感を。

毎日やるべきことって、何でしょう。

それぞれの家庭や子どもによって違いますが、まずは自分の衛生面での生活習慣を身に着けるところから始めてはどうでしょうか？　歯みがきをする、手を洗うなどです。それ以上は、お手伝いのページを振り返ると、「自立」と「社会的責任」で考えるとよさそうです。片づけをする、お皿を運ぶなどでしょう。

あまり増やし過ぎると、本当にやらないといけないことまでイヤになってしまうといけませんので、必要最小限をイラストなどで示して冷蔵庫などに貼っておくとよいでしょう。フィンランドの幼稚園でも、そんなマグネットを使っています。

④　けじめをつけさせる

「さぁ、次にしようか」で切り替え感を。

時間やゴールを決め、やり切る力をつけることも、「学びに向かい続ける力」です。遊びに集中することも大切ですが、けじめをつけることも忘れてはいけません。この違い、とても見分けるのは難しいですが、例えばこんな分け方ができます。つまり、「遊んでいるか、遊ばれているか？」。

自分から工夫して作品をつくっている、絵を描いているというときには、「じぁあ、ごはんになったら終わりなさいね。ごはんは楽しく皆で食べて、その後でもう少しお絵描きしていいから」という声かけはどうでしょうか？

一方、ビデオゲームに夢中になっているときには、ゲームに「遊ばれている」可能性がありますから、「1日30分」などの「けじめ」をつける習慣をつけるようにしたほうがよいでしょう。

⑤ 正しくしつけをする

「それ、失敗する前に気づくとよかったね」で統一感を。

同じことをしたのに、注意されたりされなかったり。大人によって違ったり。「正しいしつけ」とは、誰が見てもおかしいことは、同じようにおかしいと正していくことです。

例えば、お兄ちゃんが、妹にいじわるしてお菓子をあげずに食べてしまいました。お父さんはお兄ちゃんを叱っておしまい、お母さんは妹をなぐさめておしまい、おばあちゃんは妹にもう1つお菓子を買ってあげておしまい…という一貫性のなさは、子どもを迷わせてしまうでしょう。

大人が何人もかかってお兄ちゃんを散々叱ることをすすめるわけではありませんが、大人がいろんな基準を持ち出さないようにしたいですね。

⑥　早めに伝える

「何時から何時まで〇〇ね！」のスケジュール感を。

子どもは、大人のように素早く切替えができません。もっとも、大人も素早く切り替えているかどうかというと、「本当はもっとこうしていたいのにな…」「急に言われても困るんだけれどな…」という気持ちを隠したり、抑えたりする術を知っているからの場合もあります。

しかし、見通しがあると、気持ちはきれいに切り替わることがよくあります。「時計の針が〇時になったらお外に行こうか？」「〇時までにはお片づけしようか」といった一言と、「もう、いつまでやってるの！」とでは、子どもの自立の仕方が異なるでしょう。

できれば、朝のうちに1日の見通しを。活動が始まってしまったら、ある程度の余裕を持ったアナウンスを。子どもが大きくなってきたら、「これはあなたなら10分くらいでできそうだけれど、どうかな？」というアプローチも選択肢に入れてください。

⑦　集中して物事に取り組ませる

「ささっとやっちゃいましょ！」で達成感を。

時間は守れても、何だか集中してできない。そんなときは、やることを細かく分けるのも１つの手です。「10分で部屋のお掃除しようか」を、「5分で床を片づけて、残りの5分でテーブルを片づけようか」と言い換えて、短期目標を設定することで、集中力を維持しやすくなります（注：ヒトの集中できる時間には諸説あり。スマートフォン上の集中力は8秒（マイクロソフト社）、学習効果を上げるための集中時間は15分の3セット＝45分のほうが、60分よりも効果的であるとの見解（東京大学池谷裕二教授）等があります。ここでは小学校の授業が45分であり、日常生活で使う時間も1時間＝60分単位であることが多いことから、15分単位での設定をおすすめします）。

⑧ 説明する

「どうしてか一緒に考えようか」で納得感を。

これは、子どもにわからせるためもありますが、大人が感情的に叱らないためでもあります。どうして守らないといけないのか？　どうしてやってはいけないのか？　あまり小さい子にこれをクドく説明するのもどうかと思いますが、物事をやる、やらないには、その原因と結果があり、間にロジック（話の筋道）があって、子供と大人の間でそれをシェアすることが大切でしょう。

「これをすると、後でこんなことになっちゃうんだよ」を、短くわかりやすい言葉で話してあげられると、子どもの納得感も高まるでしょう。

⑨ 自律させる

「やりきったね」で満足感を。

最後まで取り組んだ、思いっきり走れた、約束を守れた…、子どもがこんな成長を見せたら、それは自律（自分をコントロール）できていて、「学びに向かい続ける力」につながることです。

遊びや家族のお約束の中に、自律のきっかけはたくさんあります。できたとき、あるいは1日の振返りをするときに、自律できている様子をいっぱい話してあげましょう。

⑩　責任を与える

「○○係ね！」で責任感を。

子どもが、赤ちゃんからだんだん大きくなるにつれて、どの段階でどんな責任を持つのかというのは、とても難しい問題ですね。おそらく、1つの目安として、どのおうちでも、「お片づけ」が責任リストに入ってくるでしょう。

今回取材したフィンランドの家庭では、自律のステップとして、お手伝いの中でも「自分のことを自分でする」ことを入れている家庭が多かったですが、次のステップとしては、「家族皆のためになることを、責任をもってする」というものがあります。

「玄関を週1回掃き掃除するのは、あなたの係ね」等も1例です。もちろん、最初のうちは、おうちの方も一緒に取り組んでください。

⑪　構えない

「まあいいさ、また今度」でリラックス感を。

子育ては楽しいことがたくさんあります。しつけももちろん大切ですが、子どもの笑顔と共に過ごす時間は本当に幸せなものです。構えなくてはいけないときもあるでしょう。でも、いつも緊張状態では、おうちの方も、そしてもちろん子どもも、ベストパフォーマンスにはなりません。普段は子育ての喜びをしっかり感じ、笑顔で過ごせるといいですね。

さて、いくつか説明してきましたが、一番大切なのは、こうした「ガイドライン」をつくっていることです。それぞれの家庭にはルールがあるでしょうが、それがいつでも振り返られるようにしておくため、少し家族で話し合ってざっくりとつくり（ここに挙げた程度のざっくり感でOK）、紙に書いて貼っておくと、おうちの方も感情に負けてしまうことが少なくなりますし、子どももルールの大切さを理解しつつ、安心して成長していくでしょう。

「親として子どもを育てていると、心は端から端まで揺れ動くもの。でも、行き着く先には、子育てって楽しいっていうことと、毎日が新しい生活だっていうことを心に持っていることが大切ね」とマリアさん。ちょっとしたガイドラインをつくることが、楽しい子育てへの近道になりそうです。

【ちょっとアドバイス】

ガイドラインをつくりましょう（図表23）。あまり、しっかりしたものだと、家族皆が構えてしまいますし、守れなかったときがしんどいです。メモ書き程度のほうがいいかも知れません。大切なのは、おうちの方の考え方が1つにまとまっていること。そして、まとまらない事柄が出てきた

【図表 23　ファミリーガイドライン】

Family Guideline

1.
2.
3.
4.
5.
6.
7.
8.
9.
10.

ら、話し合うきっかけをつくることです。

ガイドラインは、家庭内の法律ではありません。話し合いのベースになる、家族皆の思いを文字にしたシンプルなものです。

ワークライフバランスは「とにかくハグ」

男女問わずたいてい仕事をしているフィンランド。もちろん、産休育休はありますが、子どもがある程度の年齢になるとおうちの方も働きに出かけます。子育てに熱心なフィンランドですが、仕事もしっかりと。

ワークライフバランスをとるために、どんな心構えをしているのでしょうか？　ここではサリさんにお話を聞きましょう。サリさんは、幼稚園の先生として17年間仕事をしながら、5人のお子さんを育てているベテランママさんです。

時間を探してしっかり話を聞く

「子どものことはかわいくてしょうがないわ。だから、家にいるときは、しっかりと話を聞いてあげるようにしているの。どんなことでも話ができるよう、聞く姿勢を持つようにしているわ。子どもの考えていることが気にもなるし。子どもには最大限の注意を払うようにしている」とサリさ

【図表 24　ハグは心を通わせます。子どもとたくさんハグを】

ん。日本のおうちの方へのアドバイスをお願いすると、こんな言葉が返ってきました。

「ちゃんと寝ること。たくさんのハグと愛情を、子どもに与えること。ユーモアを欠かさないこと。実際にそばにいてあげること。子どもへの共感と、温かく接すること」。

なるほど、どれもそのとおりですが、難しそうですね。しかし、たくさんのハグは、してあげられそうです。

子どもは、自分が大切にされていることを感じることで、健やかな自立への歩みを進められます。結果、安心して遊んで、（本書のテーマである）安心して「学びに向かい続ける力」が育ち、将来、世界を舞台に仲間と共に知識を活かして、答えのない問いを解決することができるようになります。

ずいぶん長い話のように思えますが、まとめると、ハグをする度に、子どもは「学びに向かい続ける力」が高まり、おうちの方はワークライフバランスを向上することができるというのは、簡略化しすぎでしょうか？

【ちょっとアドバイス】

忙しいおうちの方だからこそ、一番気にかけてもらいたいのは、ゆったりとしたハグです。「1日何回」というノルマではなく、またいつがいいと決めてしまうものではありません。あえて言えば、子どもがハグして欲しそうにしているときにはちゃんとしてあげることが大切です。

ただ、赤ちゃんの頃はともかく、ハグしてあげるのが習慣化していないこともあるかも知れません。例えば、夜寝る前や朝起きたときに、自然にハグできるような姿であると、充実した毎日が送れるでしょう。子どもたちは、ハグが大好きです。ぜひお試しを。

流されない友だちづくり

フィンランドの子どもたちは、友だちとどのようにして過ごしているのでしょう。数々の戦争や外交交渉を経て独立を勝ち取ったこの国では、仲間を大切にする国柄がもともとあるのでしょうが、子どもたちは自立と仲間意識を同時に育んでいるようです。

お休みの日、友だちと何して遊ぶ？

「うちの子は、あんまり他の家の子と遊んでいる様子はないけど、冬だと、雪のときには、坂を下ったり、ただ単に雪とたわむれたりしてるわね」とマルユットさんは言います。

ジェリーさんは、「休みの日には友だちと広場に行ったり、インドアのプレイパークに行っているよ」とコメント。

マルヤさんはどうでしょう。「外で遊ぶことが多いわね。海岸や屋外暖炉（キャンプファイアのようなもの）に連れていくわ。このあたりには、そうしたファイアプレイスがたくさんあるの。公園に行って遊ぶこともあるわ。お金もかからないしね」とマルヤさん。

いじめやケンカにどう向き合う？

今回、いろいろなファミリーにお話をいただきましたが、ぜひ意見を聞きたかったのが、「いじめ」についてです。

本書は、未来を生きる日本の子どもたちと育てるおうちの方々に向けてのものですが、未来を堂々と歩む子を育てるには、やはり友だちとどのように付き合い、自分らしくあるかについても、フィンランドのファミリーから意見を聞いておこうと思いました。

取材で出会ったファミリーの中には、幸いいじめ問題で困っている方はなかったですが、自分の子どもが事件に出会ってしまったら、どうあってほしいか、親としての意見も話してもらいました。設定は、AさんがBさんをいじめているというものですが、どのおうちの方も、できれば社会の一員として、解決に関わってほしいという願いを持っているようです。

すぐに大人に言いなさい

「間に入って欲しいし、傍観者でいて欲しくない」と、端的に意見を述べたマリアさん。関わるのは、子どもにとってもしんどいことでしょうが、あえて見過ごさない姿を望んでいます。

「子どもたちは、どんないじめでも絶対にダメってわかっているみたい」と語るのはマルユットさん。「幼稚園や学校でも同じことはあると思うわ。だから、いつも言っているのは、誰かが子どもたちにおかしなことをしていて、何か『あれっ？』と思ったら、すぐに大人に言いなさいってこ

【図表 25　子どもの仲直り】

と。他の子に対しても、何か悪いことをしている子がいたら言うように伝えているわ」とマルユットさんは言います。

大人はすぐに関わる姿勢を

トゥーリッキさんも同意見です。「もし息子がいじめを見かけたら、すぐに大人に伝えて欲しい。Aさんがいじめて、Bさんが困っていたら、Aには間違ったことをしていること、Bにもこれは間違っているということを話す手助けをしていきたい。もし、息子のオリヴィがAもBも知らない子ならば、多分そのシチュエーションに入り込むことは難しいだろうけど。Bが知っている子だったら、守ってあげて欲しいし、Aだけ知っているのであれば、Aをそうした行為から別に目を向けさせるようにして欲しい」と。

そして、「この状況だと、AはBをいじめていて、Aはそのうち私の息子もいじめることになると思います。Bはその状況から抜け出そうとして、自分自身を守ろうとし、そのうちうちの息子を標的にするだろうから」と続けました。

落ち着いて子どもの心をほぐす

悪いと知りながら、いじめをしてしまう弱い心を強くするため、親として何ができるでしょうか?

「もちろん、子ども同士、家で言い争いしていることはよくあるわ。そのとき、親である私たちは、言い争いが始まったらすぐに止めて、冷静に話すきっかけをつくるようにしているの」とマルユットさん。

子ども同士、興奮していると、ちょっとした言い争いがエスカレートすることがあります。それがゆくゆくいじめの根っこになることもあります。

マルユットさんは、落ち着いて考えるよう、子どもたちの心をほぐしていきます。「で、どこから話がおかしくなって、どうすればよりよかったのって話すの。最後はお互いにごめんなさいするわね」だそうです。

「うちの男の子ならば、誰か大人に話すかなあ」とジェリーさん。「5歳の娘だったら、間に入って、誰かがいじめられることはおかしいと教えるよ。友だちとは、どう付き合うべきかについても話すだろうね。さすがに2歳の子はまだ何もできないだろうけど」と。

いつでも話せる親でいること

「いろんなことすべて話をするのがとても大切だと思うわ」とカーリナさん。「親は、親らしく振る舞うことが大切だし、子どもたちも、大人がどんなことを期待しているかを知る必要があると思うの。そのためには…」とカーリナさんは続けます。「愛情表現や気にかけていることをしっかりと態度で示すことが必要ね。子どもたちは、たとえいけないことをしてしまったときでも、親にとって自分が大切な存在であることを知らせることが大事なの」と言います。

ちなみにフィンランドでは、中学校に進級すると、保健の時間に多様な性についての授業があり、LGBTQへの理解も深めると言います。多様な人々がいることを理解するのも、いじめやケンカが減る1つのステップになるでしょう。

●コラム【クンミがいてくれるから】

フィンランドの大学に入学したとき、大学当局から「クンミが近くのバス停まで迎えに行くから」とメールが送られてきました。

日本を出てフィンランドに到着、その後飛行機を乗り継いでオウル空港で降り立ったときには、あたりは真っ暗。雪明りはありますが、目立つ標識もなく、ようやく乗ったバスも目的地まで行くのかどうか…。そんなとき、バス停で待っていてくれたのが、クンミでした。

クンミとは、大きな意味ではサポーターのような存在です。初めての学校生活や社会生活を送る子どもや人にとって、戸惑いを相談できる相手がいると安心です。私をサポートしてくれたのは、学生ボランティアの1人。

何とか寮にまで連れて行ってくれると、部屋やシャワー、キッチンの使い方、ルームメイトの紹介、近くの夜遅くまで開いているスーパーマーケットのことまで教えてくれました。これが自分1人だったらできたかどうか…。

聞くところによると、どうやら会社でもこのクンミ制度があるそうで、新参者にはとかくありがたい存在です。

めげない子育て

叱った後のフォロー

いけないことを注意していると、ついついこちらもエキサイトしてしまった、あるいはちゃんと注意する大事なタイミングを逃してしまったなど、こちらが気や労力を費やした割には、ササらない叱り方になってしまうことがあります。逆に、子どもが余計に癇癪を起してしまうことも。フィンランドでは、そのあたりどうなんでしょうか？

「クールダウンしたら、何がいけなかったのか、なぜいけなかったのか、そのことによりどんな問題が他の人々に及ぶのかといったことについて話をするわ」とトゥーリッキさん。「話をするときは、子どもの隣に私が座って、腕の中に包みながらにしているの。で、『あなたはこうだったでしょ』でなく、『私はこう感じたわ』と話すようにしているの。実際には、スマートフォンであれば、使用をやめさせるか、見る時間を減らすかどちらかね」と続けてくれました。

子どもに対する上手な叱り方というのはあるのでしょうか？「子どもたちにこれをしてはいけないというのはやはり望ましいとは言えませんので、なるべく前向きな言葉をつけた内容が必要だと思います」とハンネレ博士は答えます。

「やってはいけないことをしたときには、なぜやってはいけないのかということをしっかりと説明することが重要です。子どもたちはとても賢いので、ちゃんと話せばわかります」。

家族皆でフォローする

「子育てで困ったことって、特に思い当たることはないけれど」とジェリーさん。「ただ、おじいちゃん、おばあちゃん、子どものいる友だちたちが、サポートネットワークのように相談に乗ってくれることはあるよ。幼稚園のケア担当者もとてもありがたいね」と。

ジェリーさんは、教育学を学んだそうで、「様々な課題があっても、学んだことが、子どもたちの教育に役立ったのは事実としてあると思う。それに、子どもの心理学やライフステージについてもたくさん本を読むようにしている」と言います。

親として強くなる

「メンタル的に、自分は強いほうだと思う」とマルヤさん。「ネガティブな人間としてくよくよと悩んで時間を無駄にするよりも、勝って進んでいくほうを選んでいくタイプ」とか。

子どもに対してもポジティブに考えるようで、「生まれたばかりのとき、うちの子は未熟児だったの。いつも落ち着いた雰囲気の子だったけれど、喜びや幸せを運んできてくれる子。一瞬一瞬のすべてがかけがえのない宝物。それが面白い動きだったり、しかめっ面だったりするときもね」とマルヤさんは言います。

「前の園では、うちの子は大事にされている雰囲気がなかった」とマルヤさん。「子どもに、毎日、私の愛情をしっかりと伝えることもとても大切なこと。ハグをして、やさしく触れ合うようにしているわ。フィリップは、自分の感情をとてもオープンに話すから、私も感情を話すようにしている。通っている幼稚園と同様、子どもを自由にして、感情の豊かな人に、愛があり、互いにいたわり合うことができる存在になるよう育てていきたいと思う」と続けます。

子は自分で育ち始める

ペンティさんにも聞きました。「『親がちゃんと育てると、子は自分で育ち始める』って言うね。自分たちの子育てもそう思いながらやってきたかな。これはね、決してケアやルールなしで育てればいいっていう意味ではないんだよ。もちろん、親は、支援やかしアドバイスをあげるんだけれど、結局子どもは自分で判断していくってことなんだよな」とペンティさん。

「家族の時間が一番大事」と語るのはマルユットさん。続けて、「ただ一緒にいるだけのときもあれば、何かについてお互いの意見を言ったり、一緒に遊んだりと、いろいろな過ごし方をしているわね。もちろん、子どもが大きくなってきたら、他の友だちと遊ぶ時間ももっと大切になると思うわ」と。

【図表 26　家族が見守る中、安心して遊びを広げる】

ファミリーヒストリーを共有する

「息子には、自分の親戚の話とか、家族の歩み、出来事を話すこともとても大切だと気づいたの。おじいちゃんがもう少しで馬に蹴られそうになった話とか（笑）。そうすることで、息子のオリヴィが私たちのルーツや歴史を知って、自分やその親が若いときどんな人生を歩んできたかを学ぶことができるから。しかも、それぞれの人生にはいろいろあるし、見方も様々であることを理解することができるわ。オリヴィにとって、現実というのは自分の人生の1つだけではないことを知ってほしい。そして、たくさんの親戚がいて、はじめて自分の存在があることを感じて欲しい。そう思うの」とトゥーリッキさん。

「子育てにとって大切なのは、やっぱり友だちと関わらせて、一緒に遊ぶこと。ただ単にぶらぶらしたり、家族と話したりだけど、いろんな過ごし方をするとよいと思うわ。よく寝て、外で新鮮な空気を吸いながら体を動かすことが、やっぱり大切なの」と、自然体の子育てについて語ります。

「家族で一緒に過ごすことはとても大切。一緒に何かをしてもいいし、友達だちも大切ね」とカーリナさんも賛成しています。

子どもが子どもでいる間に

「子どもにとって大切なのは、家族との時間かな」とジェリーさん。「子どもが子どもである間は、できるだけそばにいてあげたいし、愛されているという実感を持ってほしい。子どもが小さいときっていうのは、人が成長していく中で、とっても大切な時期だと思うんだ。リラックスすることももちろんとても大切だよ。毎日の幼稚園は、実際、子どもにとってもも大きなストレスになることもあると思うよ。いろいろと毎日やることやルールがあるからね。だから、家ではくつろぐことも大切だよ。うちの家庭は、あんまりにぎやかに過ごすスタイルではないこともあるけれど、子どもたちには自由に遊ぶ時間をつくって、自分たち自身の想像力と創造力を使って、物事を学んでいって欲しいと思うんだ」とジェリーさんは言います。

「大切な時間は、一緒にいるとき。ゲームだったり、歌を歌ったり、ケーキを焼いたり、夜に本を読んだり、図書館に行って楽しい時間を過ごしたり、外をお散歩して遊んで、自転車に乗って、森の中を歩いたり、湖で泳いだりっていった自由な時間が大切。音楽もとっても大切ね。フィリップの父親はミュージシャンで、1か月に1～2週間はうちに来て過ごしているわ」とマルヤさん。「うちは、とにかくアウトドア派だから、学校が終わった後1～3時間くらいは外で過ごしているわね。仲のよい友だちの家族と一緒に出かけることもあるし…、ビーチなんかが多いわね」と続けました。

お小遣いもいろいろ

日本では、お小遣いやお年玉がありますが、子どものお金の使い方についてはどうでしょうか？ハンネレ博士にも意見を聞きます。

「親がしっかりと子どもたちと向き合って、話し合っていくことが重要です。子どもは、やはりテレビゲームのようなものを欲しがりますが、フィンランドではとても高価なものですので、簡単に買えません。しっかりと親と子どもが話し合って決めましょう」。

お小遣いの額決定に子どもとの話合いがあるとは！　やはりフィンランドは、子どもを1人の人として尊重しているよう。しかも、「やっぱり親がしっかりと」と言うあたり、大切です。

子どもだけでなく、親の存在がやはりとても大きくないといけないことを感じさせられますが、あらためて親の立ち位置について聞いてみましょう。

「子どもと一緒に過ごすことが一番大切かしら」とマリアさん。「まずは、そばにいること。子どもの姿を見たり聞いたりすることができる場所にいて、子どもたちが親の関心をいつでも安心して得られるようにすることね。親がスマートフォンに夢中になっていると、子どもはスマートフォンと競い合って親の注目を得ないといけなくなるから」と言います。

将来を話し合う

これは、子どもが自分の職業を決めるような大切な場面でも、同じことのようです。

「子どもたちは、自分が将来何になりたいかを、自分で決めていったな。娘たちは、音楽に興味を持っていたから、私たち親はいろんなサポートをしてやったよ。音楽のサークルに入ったり、レッスンに参加したり、旅行やコンサートに連れて行ったり」とペンティさん。こうした、普段からの関わり合いの中で、進路に関連する体験をさせていくのも、親の役割なのでしょう。

ついついイライラしてしまうときの気分転換は？

子育てしていると、思いどおりにいかないこともしょっちゅう。ついつい思ってもいないつらいセリフを子どもに投げてしまったりすることもあるかもしれません。そんなときは、思い出してください。フィンランドのママさんたちも、悩んでいるのです。

「うちの子が怒って私をたたいてきたことがあったの。でも、そのときは、子どもをしっかりとハグして落ち着かせたわ。その後、子ども支援組織にアドバイスをしてもらってわかったの。私が資格試験の勉強があって、ちゃんと子どものことを気にかけていてくれないと、子どもが感じてしまったため、そんな行動に出たんだって」とトゥーリッキさん。

相談できる人を見つける

「私は、勉強を2か月で終わらせるようにするなどしていくと、状況はよくなったわ。実は、今でも息子のオラヴィは怒ると私を押したり腕をギュッとしたりしてくるの。だから、友だちに相談している。学校のソーシャルサービスにもアドバイスしてもらったりしているわ。子供会のアドバイザー（チューター）にも相談している。TVには、スーパーナニー・フィンランド（スーパー保育士）という番組があるから、それも見るようにしているわ」とトゥーリッキさん。

「私は、ひとり親で、いつもオラヴィのそばにいるのは私だから、彼も私に手を出してくるの。でも、その度に、『この子はまだほんの子どもだし、自分でしていることがわかっていないのだわ』と自分に言い聞かせてるわ。彼にとって、私は絶対壊れない壁だから、彼も思いっきり体当たりしてくるのだと思う。こうして、彼は自分の感情のエネルギーを発散しているのだと思うけれど…」とトゥーリッキさんは胸中を明かします。「それにしても、別の表現方法に気づいて欲しいと思うわ。彼とはよく話をしているけれど、なかなかそういう場面になると、ちょっとやそっとじゃおさまらないわね」。

「何人育ててもその子の子育ては初めて」とよく言います。いつの間にか大きくなってと思えるまで、大変さは続きますが、それも子育ての幸せ感の1つなのかも知れません。

将来を語り合う子どもとの時間

幼児にいきなり将来の進路の話をすることはないでしょうが、そのベースをつくる手助けをすることはできます。

ペンティさんの例です。「子どもたちにはいろいろな経験をさせてやったよ。例えば、海外留学かな。娘のマリアとミンナは1年間、メルヴィはひと夏、交換学生になった。また、海外からも交換留学生を受け入れていて、もうかれこれ10か国になったね」。

もちろん、いろんなコネクションがなければ、こうした海外との関わりはできませんが、ちょっ

【図表 27　孫旅で個性発見。どこに行こうか、
相談からもうワクワクです】

とした小旅行でも子どもにとっては大きな冒険の旅になるでしょう。

孫旅で個性発見

アンナさんは、よく街の公園にも子どもたちを連れて行ったそうです。ヘルシンキまで子ども1人だけを連れて行くような特別な旅もしたことがあります。

「ヘルシンキに行くのはね、子どもにとってはいろいろと社会勉強になることも多いんだが、実はもっと大きな意味があるんだよ」とペンティさんは言います。「孫を1人だけ連れていくと、その子が他の子といるときには気づかなかったことがよくわかるんだ。じっくりと時間を共にして過ごすことで初めてわかる、その子の個性がね」。

大人は何をすべきか？

あらためて、大人の役割はいろいろありそうです。精一杯子育てしているときも、普段何気なく子どもに接しているときも、子どもにとって大人は〝見て育つ鏡〟なのですから。

大人の役割は1つではない

ハンネレ博士はこう語ります。「子どもと関わる大人たちは、いろんな役割を果たしていかなければなりません。コーチであったり、サポーターであったり、教師であったり、母親であったり、いろんな役割を通して子どもたちと接していきます」。

「未来はただ単にやってくるものではなく、われわれの手で構築していくものです。そして、未来へ向けた子どもたちにどういった教育を与えていくのか、1人の人間を形成する教育として何をすべきか考えなければなりません」。

では、そのためにすべきこととは何でしょうか？　ハンネレ博士はこう続けます。

「それは、今まで以上に子どもたちの声を聞くことです。子どもたちが何に興味を持ち、知りたいと思っているのか知るべきだし、子どもたち自身も自分たちが学びたいことを認識し、客観的にその関心事にアプローチする必要があるのです」。

不透明な時代だからこそ前を向いて進む

「未来は安全で平和な世の中でなければなりません。子どもたちもクリティカルシンキング（批判的思考）で、いろんなことを考えて欲しいと願っています。そして、私たちの教育にも、その姿勢が必要です。なぜならば、世界の多様化、国際化というのは、急速に進んでいるからです。教育は常に時代を見据えながらその理念や手法を確認すべきです。私たちが手に手をとり、子どもの教育に取り組まなければなりません。私たちの日々の生活がコミュニティーで営まれている中で、教育の目標もコミュニティーとの関わりを意識したものにすべきでしょう。子どもたちには、コミュニティーの中での楽しく有意義な生活を夢に描けるよう、伝えていきたいですね」。

「悲観的にならず、前に前にと進みましょう。時代は急速に変わっていますが、楽観的に、前向きにいろんなことを捉え、進めていくことが重要です。もちろん、未来は、今日とは大きく異なるものでしょう。そして、子どもの教育も、これからもっと様変わりするかも知れません。しかし、子どもたちに対する教育をしっかり進めていくことがまずは必要です。力強く自立した子どもたちに育てば、社会の変化にも適応できるでしょうから」。

やはりそばにいる親が一番

「親として、子どもたちと一緒にいてあげて欲しいですね。本を読んであげたり、一緒に外で遊んだり、ただ、一緒に座っていろんなことを語り合うなど、そういった時間を大切にして欲しいと思っています。一番重要なことは、子どもたちに愛をたくさん注ぐということです」。

「では、おじいちゃん、おばあちゃんはどうでしょう。フィンランドは、日本と事情が違うのかもしれませんが、多くの若い夫婦（家族）は親から離れたところに住んでいることが多く、年に数回しか合うことができないことも珍しくありません。おじいちゃん、おばあちゃんの役割は、とても重要だとは思うのですが、最も重要なのは、お父さんとお母さんです。その子どもの教育に関しての考え方については、おじいちゃんとおばあちゃんもぜひ、お父さんお母さんとしっかり話し合って進めていただきたいと思っています」。

一緒に遊ぶのが一番

さて、ハンネレ先生にあらためて大人の役割を語っていただきましたが、何だか重圧に感じた方もあるでしょう。子どもの未来が自分たち大人にかかっていると聞くと、身構えてしまうかも。

しかし、本書の一貫してのテーマは、「遊び」からの「学び」です。子どもがこれからの「学びに向かい続ける力」を得るために効果的なのが、子どもたちの「遊び」でした。知識や考える力、判断する力ももちろん大切ですが、一方で「チャレンジする力」「がんばり続ける力」等、遊びを通じて獲得する力は、ぜひ子どものうちから身に着けたいものです。そして、そのために、大人は子どもと一緒に遊び、時に距離を置き、子どもを育てていく存在なのです。

大人は、焦って子どもの学力向上を願いがちです。幼少期でもそうです。しかし、このときこそ要チェックタイム。難しい大量の知識暗記と思考力アップのための学びにしてしまうのか、それとも遊びでこそ培える「学びに向かい続ける力」を同時に伸ばすのか？　1人の子どもに対して、大人がここで考え方を統一しておき、子どもに対して適切なアドバイスや寄添いをすることこそ、大人の役割と言えるでしょう。

ぜひ、子どもと一緒に遊んであげてください。そして、いざ子どもが知識学びモードになったら、これも全力でサポートしてあげてください。具体的には、自然に触れたり、図鑑を見たりの繰返し等が例に挙げられます。

子どもと一緒に、あらためて遊びと学びの感動体験をしていきましょう。

第4章　子どもを育てる理想の社会

すでに4人の女性トップ

女性の政治での活躍が当たり前の国

34歳の女性サンナ・マリン首相誕生ニュース（2019年10月10日）は、日本でも大きく取り上げられました。

1985年生まれの彼女は、現在は夫と娘と暮らしていますが、幼い頃に両親が離婚した後、母親とそのパートナーに育てられたといいます。

その家族の姿を「レインボウファミリー」と彼女は表現していますが、彼女の歩みは政治の舞台に出てからその姿勢に反映されているようです。

最近では、新型コロナウィルス感染症拡大防止に向けた積極的な政治決断で注目されました。同氏をはじめ、閣僚も女性の多いフィンランド。30代の女性政治家も多いと言います。その姿を見て育つ子どもたちも、自分たちの生き方の参考にしているに違いありません。

フィンランドでは、すでにこれまで4名の女性トップが誕生しています。タルヤ・ハロネン大統領の他、アンネリ・ヤーテンマキとマリ・キビニエミの2人の女性もかつて首相に。国政への女性参政権が欧州で初めて認められたのもフィンランド。女性の政治での活躍が当たり前の国として知られています。

子どもと散歩したくなる街並み

街にあふれるデザインの数々

北欧フィンランドのデザインは、シンプルでかわいらしくて日本でも大人気です。街を歩けば、郵便ポストも交通標識もお店の看板も、どれもすてきです。

２０１２年には、欧州全体のデザイン首都に選ばれたヘルシンキ。街には、石畳とクラシックな建物が、モダンなデザインと絶妙のコントラストで存在しています。「おしゃれな服を子どもに着せて、センスのよい街をお散歩できたら…」と思う日本人も少なくないでしょう。

教会や公共施設でも、素晴らしいデザインのものがあります。

例えば、ヘルシンキにあるカンピチャペルは、近代的なビル群の中に突如登場する木造の礼拝堂です。また、その近くに最近オープンしたミュージアムは、地上部分は丘のようで登ることができ、地下は広大な広間になっていて、そのコントラストが驚き。しかも、駅のすぐそばにあり、市民の通勤途中の憩いの場になっています。

【ちょっとアドバイス】

日本でも遊び心のあるデザインが至るところにあります。海外のように、公共の場で見つけるというよりも、日本の場合はかわいい商品やアイデア商品におもしろいデザインがある場合が多いでしょうか？　最近のインスタグラム等を見ると、ケーキなどの食べ物もかわいらしいものが多いですね。いろいろ見つけてみましょう。

カフェとギャラリーと1枚の絵

素朴な絵に一目惚れ

キートスガーデンにある1枚の絵。額に入っていますが、縦は20㎝くらいながら、横は80㎝ほどある、かなり横長のものです。かわいらしい王子様とお姫様が描かれたこの絵は、私がオウル市にいくつかあるギャラリーで手に入れたもの。何ともいえない夢の世界のような温かさを感じて一目惚れし、キートスガーデンを立ち上げるとき、どこかに飾ろうと思い切って購入しました。

実は、ギャラリーに入るのも、絵を買うのも初めてだった私。当時よく行っていたカフェが、そのギャラリーとコラボレーションしていたようで、時々カフェ店内の壁にいくつか絵がかかっていました。お客さんは、お茶をしながらそこで絵に出会い、気に入れば気軽にギャラリーに足を運び購入するといった流れです。この仕組みがなければ、ギャラリーに足を踏み入れることもなかったでしょう。

絵には、シリアルナンバーが入っていました。日本円で3万円くらいだったでしょうか？　額ごと大切に布にくるみ、日本に持って帰ってきた覚えがあります。以来、キートスガーデンのシンボル・アートとして、時々皆さんの目につく場所に飾っています。

振返りと前進のチャンスをくれるアートを手元に

私は、絵画の蒐集家でも、ましてや投機目的のバイヤーでもなく、ただ純粋にその絵画を手元に置いておき、大切にし、心を落ち着かせたり、さらに前進する気を高めるときに眺めたりしたいとの思いで手に入れました。

きっと今後も、美術品をいくつも買い求めることはないでしょう。私は、その王子様とお姫様の絵で、心は十分満たされているのですから。

むしろ、そうした出会いをフィンランドの小さな地方都市がつくってくれたことに感謝をしています。生活の中に、アートがあること、その大切さを感じさせてくれたカフェやギャラリーのことを、手持ちの絵を眺めながら思い出し、人に語り継いでいます。

カフェはサロンでなくサードプレイス

１人当たりコーヒー消費量世界一

コーヒーの消費量、実は国民１人当たりだとフィンランドが世界一なのです。カフェで飲んでも、たいてい1杯200~300円ほどで、税金が高いと言われているフィンランドでも、人々の生活に欠かせないものとされています。

留学先のオウルでは、毎週末になると、寮に1人でいてもどうかなと思い、よく近くのカフェに行きました。

2008年でしたが、当時すでに街中にWiFiは完備されており、カフェの中でもインターネットへの接続ができましたので、仕事や勉強がサクサク進みました。

自分を取り戻すための場所

しかし、いろいろなカフェを利用しましたが、中で大声でおしゃべりしている人はまずいません。1人静かにパソコンを開いているか、本や雑誌を読んでいるかです。つまり、カフェは、コミュニケーションの場というよりは、1人になれる時間を過ごすための場所のようです。

サードプレイスという言い方が広がった時期があります。自宅でも職場でもなく、3番目の自分の居場所。仕事柄、シアトル、ミラノ、パリなど、独自のカフェ文化を持つ都市を訪問しましたが、フィンランド人のコーヒーの楽しみは、ゆったりと自分時間をつくることにあるようです。

ちなみにフィンランド語でコーヒーは、kahvi(カハヴィ)と言います。コーヒーに発音が似ているので覚えやすいですね。フィンランドを訪れることがあれば、ぜひ1杯、フィンランド語で注文してみてください。

アートへの取組みを制度化した1% for Art 条例

行政がアートをバックアップ

街を歩けばあちらにもこちらにもアート作品のあるフィンランド。ビルの壁に描かれていたり、オブジェがあったりいろいろで、通勤通学の人からお散歩中の人まで目を楽しませてくれます。

実はこれ、フィンランドのパーセント・フォー・アートという取組みの1つなのです。

公共の建物を中心に、新しく建てるときやリノベーションをするときには、その予算の1%前後をアートにあてるという考え方があり、行政もバックアップしています。

フィンランド人の90%が、アートは活き活きとした生活のもとと考えていますし、80%近い人がアートが地域になることで安全な雰囲気になると答えています。また70%が住宅街、職場、学校など、毎日過ごす場所でアートに触れることができればうれしいと回答。

その割合は、首都ヘルシンキで最も高く77%とのことで、たくさんの人が身の回りのアートを楽しんでいるようです。この傾向、特に30歳前後の女性に多いのだとか。(以上、行政資料より)

街のアートを楽しみながら歩く

生活の中にあるアートについて、ヘルシンキ在住のアーティスト、アイモ・カタヤマキさんは、

【図表28　子どもが思わず駆け寄りそうなデザインの建物】

Artworks: Aimo Katajamäki; Architecture: ARK-house Architects; photos: ARK-house Architects

こう話しています。

「パブリックアートは、人の行き来する公共の場所（パブリックスペース）を表現の場とするものので、屋内外を問いません。経済的に支援するのは、州や市の他、個人や私企業、団体があります。スタイルは様々で、彫刻が歩道に設置されることもありますし、壁画のように建物にそのまま組み込まれるものもあります」。

「街中のような、人がいつも集まるところに、アートは必要だと思います。美術館に行くのはたいていアートの好きな人たちに限られるからです。街中にあるパブリックアートは、環境を活き活きとしたものにし、安らぎを与えるといったことができるので、アートの役割の１つである、よりよい生き方を人がしていく手助けをすることができるのです。アーティストにとってもいろいろなフィールドで仕事ができるのでよいことでしょう」。

「といっても、パブリックアートがすべて高品質のアートである必要はありません。そもそもパブリックアートが社会に与えるインパクトは、日常生活を彩るといった意味自体、高尚なものだからです」。

【ちょっとアドバイス】

毎月、例えば数百円のお小遣いと少しの時間で十分ですので、アートを生活に取り入れてみませんか？　アートの雑誌を買ってみる。えんぴつと画用紙で子どもの顔をスケッチしてみる。街で写真を撮って、額に入れて飾ってみる。写真共有のSNSを眺めるだけでもよいですが、できればゆったりとアートとの対話の時間ができるとすてきですね。

壁に穴の開いた大学

壁に開いた穴に入って勉強

アアルト大学の図書館も、機会があればぜひ訪れてみていただきたいところです。

ここには、いくつかまん丸い穴の開いた壁があります。穴といってもデザイン的に設計して開けてある穴で、大きさは何と人の入れるサイズ。つまり、人が入ってそこで学ぶことを想定した穴なのです（図表29）。

真っ白い壁に、赤い穴が水から出てくる泡のように配置されています。その中に学生たちは入り込み、勉強しているのです。

ある学生は、あぐらをかいてパソコンを打ち、またある学生は、丸い穴に器用に体を沿わせて寝っ転がり、音楽を聴きながら勉強しているようです。

「そんな恰好で勉強したって頭に入らないでしょ！」と、昔よく親に言われた格好を、堂々と公共の場の図書館でしている姿を見ると、「これが自由な学びのスタイルか」と感動すらしてしまいます。

【図表 29　壁に穴の空いた図書館】

ベビーカーが行き交うキャンパス

大学の図書館を市民に開放

私の通っていたオウル大学には博物館があり、トナカイやオオカミのはく製が飾ってあって、現地の様子を知るためによく見に行きましたが、もう1つすばらしいなと感じたのが、図書館を市民に開放していることです

どの校舎も建屋が通路で続いているので、雪や外気の心配なく、校内を移動することができます。図書館もその1つで、外は雪がやむ気配がなくても、温かい室内でゆっくり読書を楽しんだり、勉強をしたりすることができます。

大学は地域の知のコミュニティー

子どもを持つ母親も同じで、ベビーカーを押しながら大学内を歩き、図書館でお気に入りの本を見繕う姿を何人も見かけました（図表30）。母親にとって、読書をするという大切な時間があることは、子どもにとってもきっと幸福なことでしょう。

何より、大学構内であれば、クルマや他の人と接触することもなく、安心してゆっくりと時間を過ごすことができます。アカデミックな雰囲気を赤ちゃんの頃から感じ、母親になっても、あるい

【図表 30　ベビーカーが行き交うキャンパス】

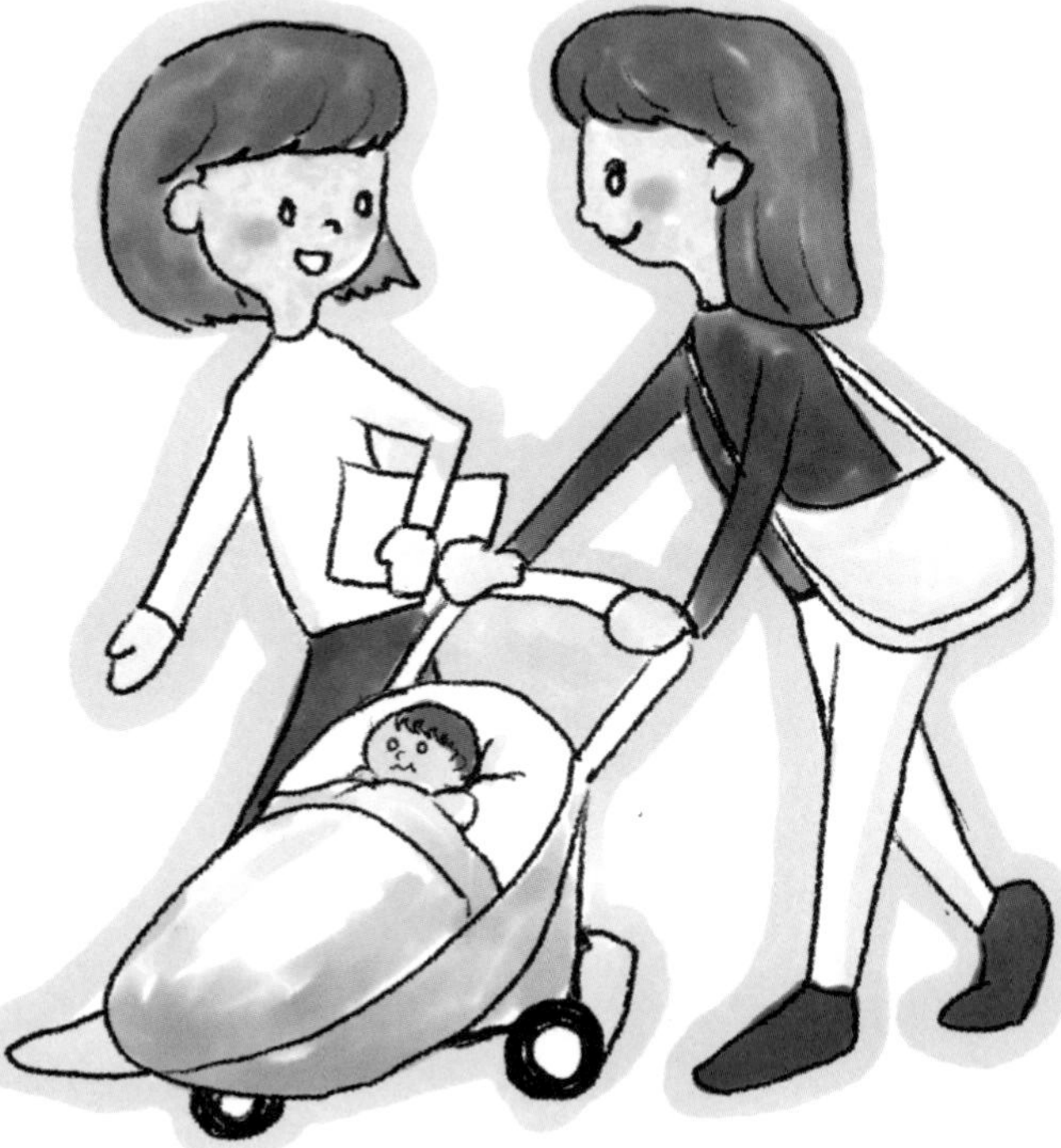

は年をとっても楽しめるとは、まさに幸福度の高い環境だと言えるでしょう。

フィンランド人は、読書量も識字率も世界トップクラス。平均すると年間4冊の本を買う他、図書館では10冊以上借りるそうです。街中には、巡回図書館バスも走っています。

小さい頃から自宅でも本を読み、リラックスして過ごすコテージで過ごす夏休みも、夜が長く寒い冬もゆったりと読書する習慣が身に着いていることも大きな理由でしょうが、実は、大学の図書館が一般に開放されているというような、本を身近に感じられる環境が整えられていることも大切なポイントなのではないかと感じました。

子どもへのプレゼントの選択肢の中には、「新しい本もあるわ。図書館もよく使っていて、1回に10～15冊は借りるかしら」とマルヤさん。本をプレゼントするのも、すてきなアイデアですね。

●コラム【ヘルシンキ市内裏道ブックストアでのある古本との出会い】

ヘルシンキは、中央駅を中心に、百貨店やブティック、レストラン、ホテルが立ち並ぶ中、石畳の道を市電、バス、自動車、そして人々があわただしく行き来する街ですが、道を1本入ると、喧騒を離れ、ずいぶん落ち着いた雰囲気があります。

そんな中に、カフェやバーがあるのですが、時に古くからのよき品を備えたショップに出会うこともあります。

私のお気に入りの古本屋も、そんな街角にひっそりと構える店の１つです。ヘルシンキに行く度に欠かさず訪問し、デザインや教育、生活などを紹介した古い本や雑誌を数冊買い、店番の女性と２～３言葉を交わすのを楽しみにしています。キートスガーデンのライブラリーには、クリスマスの様子を描いたイラストブックも数冊あります。表紙のクラシックなイラストには、素朴で温かみがありながらも、どこか凛とした雰囲気のあるフィンランドの冬の様子が描かれており、現地の雰囲気を感じることができます。

【時代を綴じ込んだ本に巡り合う】

日本では、古本屋がすっかり少なくなり、東京の神田界隈、もしくはネットで手に入れる以外には、なかなか古きよき本と出会うチャンスはないでしょう。

しかし、今の日本は、生活の仕方や好みもずいぶん変わってきているので、明治、大正、あるいは昭和をなつかしく思って、当時の様子を知る古本を探すというよりも、海外のライフスタイルやいわゆる田舎暮らしのような、自然を楽しみいつくしむ生活を写真で紹介するような雑誌等に興味を持つ人も多いでしょう。

とはいえ、古本屋で、昔から大事にされてきた本に囲まれ、タイムスリップしたみたいな時代感の違いを楽しみながら、店員と談笑する時間もまた魅力的です。フィンランドや他の国々に行ったら、ぜひ古本屋探検してはいかがでしょうか？

街ぐるみで育てる「超学校」の取組み

前述のフェノメノン・ベースの教育法は、街全体の取組みとして動き出しています。動画サイトで、Helsinki is my classroom を見てみてください。3分ほどの動画ですが、小学校の学びの新しいスタイルが提案されています。

ヘルシンキという街自体がオープンな教室で、教科に関わることは学校の建物の教室内で行なわれますが、学びは学内だけで完結するものではなく、むしろ街全体に学びのエッセンスがあることがダイレクトに伝わってくる動画です。

学校の先生は、教科の内容を一方的に説明したり、生徒に暗記させることはありません。自分たちが生活している街全体が、課題と解決法のヒントにあふれた空間であるということを示してくれます。動画後半には、先生も屋外へ飛び出して、生徒と共に街の様々な事象に触れ、生徒たちに学びの喜びを味わうサポートをしています。

子育ての目標は、その子をよりよく育てることですが、同時に、社会をよりよくすることにつながります。社会の課題を見つけ、解決していくような子どもに育てるには、まさに街の中で課題を見つけるような授業を行なわなければなりません。教科書だけではできない教育に、積極的に関わっていく街が、フィンランドの首都ヘルシンキであり、他の地方都市なのです。

第5章

ウェルビーイング
親らしく、自分らしく

よく生きる

よい子育ては、親がよく生きる手本となることから

最近話題の言葉ウェルビーイング。辞書には、日本語訳として、幸福や健康と書かれており、まさに子育て、そして本書の究極の目的とぴったり合うものです。しかし、例えば、幸福にはhappinessが、健康にはhealthがそれぞれ英語で対になる言葉としてあります。

そこで、ここではさらに意味を広げて、well(よい)とbeing(存在、いること)から、「よく生きる」「よい生き方をする」という観点で話を進めましょう。実は、「よく生きる」を探求することは、古代から哲学の究極の目的でもあります。

子育ての「よく生きる」は、子ども、親、家族、社会の「よく生きる」とつながります。大きなテーマですが、子育てに関わるすべての人が「よく生きる」のであれば、すてきな世の中になりそうです。そしてこれも、フィンランドにヒントがありそうです。あらためて、皆さんにコメントをもらいましょう。

「実は、ウェルビーイングに関しては、もう少しちゃんと考えないといけないって思っているのよ」とマルユットさんは言いつつも、すでに実践中です。「夫婦2人でエクササイズやアウトドアを楽しんだりはしているけれど、もっと機会を増やしたいわね」。

日々を少しだけ豊かに

カーリナさんはどうでしょう。「自分自身のウェルビーイングに気をつけることもとても大切。私は、ジム、散歩、音楽、読書をしているわ」。特別なことではなく、日常生活に取り入れやすいものがポイントのようです。

そう、「よく生きる」と言っても、大げさに捉えるのではなく、日々を少しだけ豊かにする姿勢と工夫を絶やさないことなのでしょう。

「今は休職中なので、子どもが学校に行っている間は、自分の求職トレーニングもあるけれど、自分の時間も持てるわ」とトゥーリッキさん。

「仕事している間は、毎晩30分は自分の時間にしていたの。今は、自分の時間が欲しいときは、子どもは家で留守番をしている間に長めのウォーキングに出かけるわ。といっても、子どもを１人にしておくのも心配だから、あまり長くはできないけれどね。子どもがいても、自分の時間を持てるようにしているの」といいます。なるほど、子育てしていても、自分の時間を確保する余裕が大切のようです。

自分の日常を前向きに捉え充実感を高める

さらに具体的に、次のように話してくれました。「本を読んだり、ＴＶシリーズを見たり、ウォーキングしたり、泳いだり、ポケモンGOをしたりしているわ。一番大事にしているのは、３人の友だちとおしゃべり会をしていること。皆子どもが同い年だから話が弾むの。子どもが一緒のときもそうでないときもあるけれど、毎日何かと連絡は取り合っているわ。子どもが寝室に行った後、シャワーや食事などをしている間にね。もちろん、子どもに聞かせたくない内容のときもあるから、時間を見つけて話しているの」とトゥーリッキさん。おしゃべりも「日々を少しだけ豊かにする」ことにつながりますね。

「以前は、子どもが寝室にいる間にネットでチャットをしていたけれど、地元の1人親家庭支援団体の活動にも参加しているわ。同じような様子の人たちと話をするの。子どもや家族の話が中心ね。1週間に1~2度、子どもが父親に会うときがあるけれど、そのときは子どもがいると集中できないような事柄を、自分の時間として取り組んだりするわ」。

人と会う時間をつくる

「長期休暇は、1人暮らしの母親を訪ねるの。亡くなった父は、しゃべったり遊んだり、どこか連れて行ってくれたりと、たっぷり子どもたちと時間を過ごしてくれたわ。母がわが家に来てくれるときも年に数回はあって、子どもたちと遊んでくれているの。うちの子のベストフレンドの家族とは付合いがあって、うちの子のことを気にかけて道徳的なことも教えてくれるから、かけがえのない人たちだと思う」とトゥーリッキさん。

ジェリーさんにも聞いてみましょう。「われわれには趣味があって、交互に楽しんでいますよ。

友人とも関わりを大切にしているし、週末は家族誰もがフリータイムにしている。仕事もせず、子どもたちはおじいちゃん、おばあちゃんのところに泊りで遊びに行っているよ」。適度な距離感が、心身ともにリフレッシュする秘訣のようです。

「ガーデニングをして、外に出かけて、森を散策して、夏は泳いで、フィリップと一緒にベリーを摘んで、彼に自然の様子を教えてあげるの。自転車に乗って、父親の畑によく行くわ。友だちと連絡を取って、パーマカルチャー（自然のエコシステムを参考にし、持続可能な建築や自己維持型の農業システムを取り入れ、社会や暮らしを変化させる総合的なデザイン科学概念）を実践し、本やガーデニングの雑誌を読み、ボランティアに参加する。これが私の幸せの源泉ね」。

このようにウェルビーイングで、心も体もリフレッシュする姿をフィンランドのファミリーはコメントしてくれています。いずれも少しの時間を割く工夫が必要そうですが、その前に「やってみよう」という思い切りがないと進みません。「そんなゆとりなくって…」と言わず、ちょっとした自分のためだけの時間づくりを始めてみませんか？

●コラム【早朝サイクリングで森と湖の風を知る】

研究や視察でフィンランドに通い出して10年目。初めての早朝サイクリングにチャレンジしました。宿泊したオウル市の海辺のホテルでは、無料で自転車の貸出しをしていたので、朝７時にサイイクリングに出発。8月とはいえ小寒い中、目指したのは、橋でつながっている海上の島です。

地図の上では島があることを知っていましたし、実はその島にもホテルがあるので1度は泊まってみたいと思っていましたが、やはり街中からの距離があったので、諦めていました。しかし、やはりフィンランドを子育てを研究するのであれば、話に聞く自然との関わりをもっと深く体験すべきだろうと、果敢に（?）サイクリングに挑戦したわけですが、そのかいあって、フィンランドの人々の自然との関わり方が今まで以上に理解できました。

フィンランドといえば、やはり森と湖の生活です。ペダルをこぎ、風を切って進むにつれ、冷たい空気と共にその原風景が目の前に開けてきます。

【自分のペースで気の向くままに】

森は、日本とは違って平地にあり、しかも樹木の種類がたいてい白樺や杉などに決まっているので、景色は日本語的にいえば林に近いといえるでしょう。自転車から降りて木々の中に足を踏み入れると、森の恵みであるキノコなどはあちらこちらに顔を見せています（そのときの写真を後で専門家に見せたら、どれも食べたらアウトのキノコでしたが）。おそらく夏は、ベリーがたくさん実り、時にはヘラジカなどを見ることもあるのでしょう。

「100 problems in Finland」という本によると、フィンランドでは１９５０年代までは、決して大げさでなく、本当に人々は森の中に住んでいたといったほうが正確だったとのことです。都市部はともかく、今でも森の中のほうがフィンランドの人々の生活にあっていそうで、そう考えると、マリメッコの柄なども、なにかプリミティブな印象に変わってきます。

フィンランドの初秋は、もはや霜のイメージと言います。なるほど8月下旬に訪問した頃のオウルの最低気温は、すでに5度ほどに下がっていました。これからあっという間に寒暖計はマイナスを指すようになるのでしょう。サイクリングで少し火照った体も、ホテルに帰る頃にはすっかりクールダウンしてしまっていました。楽しみは、ウィンタースポーツに移る頃です。

幸福に必要なもの

幸せとは

幸福度No.1と言われるフィンランド。では、フィンランドで家庭を持つ一般的な人々、子育て経験のある人たちは、幸せについてどう考えているのでしょう。とっても大きな質問ですが、あえて聞いてみました。「あなたにとって、幸せとはなんですか?」って。

「難しい質問だけれど…、やっぱり子どもと家族が何事もなく過ごしていると、幸せを感じるよ。一番幸せに感じるのは、そうだね、家族皆16人が家に勢揃いするときかな。今はそれほど回数が多くないけれど、昔はよく集まったよ」とペンティさんはしみじみと語ります。

「孫たちもそれぞれ楽しんでいる趣味があるし、子どもたちも働いているし、ではあるけれど、

【図表 31　幸せな時間を家族や仲間、そして自然と共に】

1年に何回かは皆で集まるんだ。いろいろおしゃべりをしたり、その様子を見ているのは本当に幸せな瞬間だよ。ダイニングテーブルで、近況を語り合ったり…」と、目を細めます。

趣味と地域参加でさらにアクティブに

「家族が大切なのはもちろんだけれど、私たちはそれぞれ趣味を大事にしているんだ」。しわがれた声は年を感じさせますが、ハツラツとした表情でペンティさんは語ります。

「アンナは音楽が好きで、合唱団にも入っている。地元のライオンズクラブの活動にも熱心かな」。「私もいろんな活動をしているけれど、特に趣味と言えるのは、DIY、ハンティングと釣りだな」と語る２人は、地元にあるケンペレ・ソサエティでも楽しく活動しているそうです。

マリアさんの家庭ではどうでしょう。「私たち家族は、犬も一緒によく自然の中で動き回るわ。サマーコテージで時間を過ごしたり、釣りをしたり、ベリーを摘んだり。そして、自然から力をもらうの。夫とは、いつもお互いに敬意を持ち、話を聞き、程よい距離感を持っていること。必要なときには親に頼んで助けてもらうことを大切にしている」と言います。

自然の中の自分を感じる

２人に共通するキーワードは何でしょう。自然、家族、自分らしい時間でしょうか。

これまで見てきたように、フィンランドは、自然との関わりがとても大きなところです。国土の

80％が森で、その他が湖。人口550万人が住んでいる場所や商工業地域は限られています。そして、そうした居住地や商工業地域でも、ちゃんと並木道や緑豊かな公園があり、風を切って自転車にでも乗れば、すぐに森や湖があるのです。

ヘルシンキには、大きな公園がいくつもあります。歩いていると迷うくらいの大きさで、気持ちよい空気を味わいながら、散策することができます。一息つきたいときには、すてきなカフェもあって…。1人で、家族で、豊かに過ごすとはこういうことかも知れません。

あなたにとって幸せとは何？

幸福度No.1の国で生きている人たちの子育てについていろいろ見てきましたが、最後に私の大切な友人タルヤ・マンキネンさんのコメントを紹介して締めくくりましょう。

タルヤさんは、公立の子ども園の所長をしていましたが、先日退職し、今は子ども教育のカリキュラムを策定している幼児教育のエキスパートです。が、一方で、2人の娘さんをご主人と共に育てられたすてきなお母さん。犬と森の中を散歩するのが大好きな時間だそうです。「性格は楽観的なほう。何でもうまくいくと思っているし、そのためには努力もするわ」という彼女からは、フィンランドの女性のしなやかさと強さを同時に感じます。

「幸せって何ですか？」とのストレートな質問に、タルヤさんは詩のように1日を振り返りながら言葉を紡いでくれました。

幸せは、たくさんのものから成り立っている。

一番大切なのは、私自身の中に意味を探り当て、見つけていること。

私にとって幸せとは、毎日の生活に息づくもの。

例えば、家族。私に生きている意味を気づかせてくれるから。

例えば、食事。共につくり、シェアするものだから。

例えば、時間。大切な人と分かち合うものだから。

幸せとは、飼っている犬と森の中を散歩すること。

幸せとは、自分の庭でガーデニングをすること。花や野菜を植え、育てること。

幸せとは、楽しくて意義ある仕事をしていること。幼児教育の先生として、私はたくさんの幸せを感じた。同じ職場の仲間と働く中で、子どもたちと一緒になって遊び、探求し、驚きを感じる瞬間にたくさん巡り合えたから。

幸せとは、私自身の家。自分自身の人生を歩む自由があること。

幸せとは、ゆったりとした日曜日の朝。コーヒーを飲み、クロスワードパズルをすること。

幸せとは、夏の雨の後の温かい日の光、土のにおい、育ちゆく木々、咲き並ぶ花たち。

幸せとは、私たちが聞く鳥のさえずり。

幸せとは、バジルやタイムの苗木が育つこと。しばらくたって、庭に植え替えるのを待つこと。

【図表 32　何気ない日常の中の幸せ。
右からタルヤさん、ハンネレ博士、筆者】

幸せとは、わが家の庭で自然の営みが始まること。そしてそれが近くの森に広がること。

幸せとは、わが娘が訪ねてきてくれること。

幸せとは、うちの犬が私の横に座って、かまってほしがっていること。

幸せとは、長く寒い冬の数か月、鳥に餌をやること。

幸せとは、春、渡り鳥が戻ってきてくれること。

幸せとは、人生のいろいろを共に語れる友だちがそばにいること。

幸せとは、テーブルに美しい花束があること。

幸せとは、何か新しいことを学ぶとき。

幸せとは、プレゼンがうまくいったとき。

幸せとは、生きてきた足跡を感じるとき。経験し、学んだことを振り返るとき。

それが私の人生。私にとって最高のもの。

それが私の人生。私に幸せをくれるもの。

幸せを見つける習慣。言葉に表し、これが幸せだと味わうこと。

「人生を力強く歩み続ける力」を親子で

フィンランドの子育てをテーマに様々なトピックとコメントを紹介してきた本書ですが、その目的は、子育ての幸福感をもっとたくさんの人たちに、もっといっぱい感じてもらうことです。

大変な場面が多い子育て。だからこそ、子どもの学ぶ力がアップしたり、幸福感が高まったりしている様子のフィンランドの事情を紹介しました。そこには、すてきな街並みがあり、すてきな家族での仕事のシェアがあり、すてきな子ども園や学校があり、子どもたちが育っています。

人生を力強く歩み続ける力

そしてそこでは、知識だけでなく、仲間と協力し、忍耐しながら工夫し、困難を乗り越えていくという、「学びに向かい続ける力」を身に着けようと進んでいました。この学びに向かい続ける力は、さらに高い視座で見れば、「人生を力強く歩み続ける力」と言えます。

本書を、「勉強ができる子に育てるハウツー本」だと思って手に取られた方には、期待に応えることはできませんが、もっと先の将来を見て、進んで行くことができる子どもたちに育てることこそ、子育ての本当の目的ではないでしょうか？　そして、そのために必要なのは、教科書に書いてある知識だけでなく、それを有効に活用しながら、仲間と共に「まだ世の中で解かれていない問題」にチャレンジするための「学びに向かい続ける力」です。

これに気づいていただければ、本書も少しはお役にたてたのではないかと思います。

謝辞

本書を発刊するに当たり、皆さまにお世話になりました。

まずは、恩師ハンネレ・カリコスキ博士。フィンランドの幼児教育保育について幅広くご指導いただきました。大切な友人タルヤと取材先の多くのご家族にも感謝を申し上げます。

嶋田里菜さんは、本書の企画段階から執筆、発刊のすべてのプロセスで常に応援してくれました。カフェでの打合せやメールでの相談に快く応じてくれてありがとうございました。

山本芳郎さんには、本書のイラストおよび表紙のラフ案提案に多大な力をいただきました。

村田尚美さんは、様々な場面で助言や励ましの言葉をいただきました。

その他、園の子どもたち、保護者様、スタッフ他、本書に関わった方々に感謝の意を表します。

今後もフィンランドの様子を紹介し、日本の子育てがより豊かになることを願っています。

平野　宏司

著者略歴

平野　宏司（ひらの　こうじ）

学校法人 平野学園理事長。キートスガーデン幼稚園・幼保園・保育園 園長。

慶應義塾大学卒業後、米国ニューヨーク州立ファッション工科大学にてコミュニケーションおよびビジネスを学び、1992 年米国フェアチャイルド出版社の日本特派記者に。

1995 年平野学園入所。

2008 年フィンランド国立オウル大学幼児教育保育学科特設プログラム修了。

2009 年フィンランド幼児教育保育の方針と手法を取り入れたキートスガーデンを開園。

フィンランド式「遊んで学ぶ」―これからの学力の育て方

2021 年 6 月 25 日 初版発行　　2023 年 2 月 2 日 第 2 刷発行

著　者　平野　宏司　© Koji Hirano

発行人　森　　忠順

発行所　株式会社 セルバ出版

〒 113-0034

東京都文京区湯島 1 丁目 12 番 6 号 高関ビル 5 B

☎ 03（5812）1178　FAX 03（5812）1188

http://www.seluba.co.jp/

発　売　株式会社 三省堂書店／創英社

〒 101-0051

東京都千代田区神田神保町 1 丁目 1 番地

☎ 03（3291）2295　FAX 03（3292）7687

印刷・製本　株式会社 丸井工文社

ISBN 978-4-86367-669-5